EDITORA DO CONHECIMENTO

Auxiliando a humanidade a encontrar a Verdade

Ramatís

Atanagildo

O ALÉM
UM GUIA DE VIAGEM

Obra mediúnica psicografada
pelo médium Hercílio Maes

O ALÉM - UM GUIA DE VIAGEM
Ramatís e Atanagildo

CONHECIMENTO EDITORIAL LTDA.
Fone 19 3451-5440
www.edconhecimento.com.br
vendas@edconhecimento.com.br

Revista por: B. Godoy Paiva
Organização: Mariléa de Castro
Projeto Gráfico: Sérgio Carvalho
Ilustração da Capa: Banco de imagens

ISBN 978-65-5727-051-6
2ª EDIÇÃO - 2020

• Impresso no Brasil
• Presita en Brazilo

Dados Internacionais de Catalogação na Publicação (CIP)
Angélica Ilacqua CRB-8/7057

Ramatís (Espírito)

O Além - um guia de viagem / Ramatís, Atanagildo ; obra mediúnica ditada pelos espíritos Ramatís e Atanagildo ao médium Hercílio Maes ; organizada por Mariléa de Castro — 2ª edição Limeira, SP : Editora do Conhecimento, 2019.

170 p.

ISBN 978-65-5727-0516

1. Espiritismo 2.Vida espiritual 3. Morte - Aspectos religiosos I. Maes, Hercílio 1913-1993 II. Atanagildo III. Castro, Mariléa de IV. Ramatís. A Vida Além da Sepultura V. Título

19-1094 CDD – 130

Índices para catálogo sistemático:
1. Espiritismo : Desencarne 133.93

Ramatís
Atanagildo

O ALÉM
UM GUIA DE VIAGEM

Obra mediúnica psicografada
pelo médium Hercílio Maes
Organizada por Mariléa de Castro

2ª edição — 2020

EDITORA DO
CONHECIMENTO

Editora do Conhecimento

Obras de Ramatís:

Obras psicografadas por

HERCÍLIO MAES

• A Vida no Planeta Marte e os Discos Voadores – 1955
• Mensagens do Astral – 1956
• A Vida Além da Sepultura – 1957
• A Sobrevivência do Espírito – 1958
• Fisiologia da Alma – 1959
• Mediunismo – 1960
• Mediunidade de Cura – 1963
• O Sublime Peregrino – 1964
• Elucidações do Além – 1964
• Semeando e Colhendo – 1965
• A Missão do Espiritismo – 1967
• Magia de Redenção – 1967
• A Vida Humana e o Espírito Imortal – 1970
• O Evangelho à Luz do Cosmo – 1974
• Sob a Luz do Espiritismo (Obra póstuma) – 1999

Obras psicografadas por

MARIA MARGARIDA LIGUORI

• O Homem e o Planeta Terra – 1999
• O Despertar da Consciência – 2000
• Jornada de Luz – 2001
• Em Busca da Luz Interior – 2001

Obras psicografadas por

SÁVIO MENDONÇA

• O Vale dos Espíritas – 2015
• Missão Planetária – 2016
• A Derradeira Chamada – 2017

Obras organizadas por

SIDNEI CARVALHO

(Série *Aprendendo com Ramatís*)

• A Ascensão do Espírito de A a Z – 2011
• Transição Planetária de A a Z – 2012
• Jesus de Nazaré de A a Z – 2012
• Ciência Oculta de A a Z – 2012
• Mediunidade de A a Z – 2012
• Mecanismos Cósmicos de A a Z – 2013
• Saúde e Alimentação de A a Z – 2013
• Universalismo de A a Z – 2013
• Evangelho de A a Z – 2015

Obs: A data após o título se refere à nossa primeira edição.

À minha esposa Lôla, meus filhos Zeila, Mauro e Yara, cujos sentimentos selaram a nossa comunhão espiritual nesta existência, auxiliando-me a realizar esta singela tarefa no seio do lar amigo e da paz benfeitora.

Sumário

Explicações

Estimado leitor:

Na presente obra intervém outro espírito, além de Ramatís, que dá-se o nome de Atanagildo, e que relatou minuciosamente todos os fenômenos ocorridos durante a sua desencarnação no Brasil, como também respondeu a todas as perguntas que se relacionavam com sua vida no Além.

Ramatís, entretanto, é o idealizador, o coordenador e o responsável por este livro, no qual também participa.[1] Há algum tempo já lhe havíamos pedido que nos ditasse algum trabalho descrevendo os fenômenos geralmente verificados na ocasião da desencarnação dos terrestres, e nos relatasse alguns acontecimentos peculiares à vida dos espíritos no Mundo Astral.

A princípio, pensávamos que Ramatís iria nos relatar suas impressões e os acontecimentos que acompanharam sua desencarnação na última existência passada na Indochina. No entanto, compreendemos logo que isso lhe seria um tanto dificultoso e de pouco proveito para nós, quer por se tratar de espírito que não vive habitualmente em qualquer colônia situada no Astral do Brasil, como porque o seu trespasse, ocorrido há quase mil anos, no Oriente, não nos ofereceria assunto apro-

1 Na obra-base, *A Vida Além da Sepultura*", da qual o presente livro é um excerto, encontram-se quatro capítulos ditados exclusivamente por Ramatís, que não foram incluídos por se distanciarem do foco estrito previsto para esta (N.E.).

priado aos nossos costumes e reflexões ocidentais.

Ramatís considerou inoportuna a ideia de se rememorarem os detalhes da sua longínqua desencarnação, ocorrida na Indochina, e que considera despida de situações dramáticas ou dignas de menção para as nossas indagações. Escusou-se dessa tarefa, mas prometeu-nos trazer, oportunamente, outro espírito amigo, desencarnado no Brasil, que nos pudesse descrever o que desejávamos e fosse bastante capacitado para narrar-nos alguns esclarecimentos registrados na sua moradia astralina. Assim, recebemos a visita de Atanagildo, espírito intimamente ligado ao grupo liderado por Ramatís, e que foi seu discípulo algumas vezes, principalmente na Grécia.

Na sua última romagem Atanagildo habitou o Brasil, iniciando esta obra com a narrativa de sua última desencarnação, e deu-nos motivo a que formulássemos interessantes perguntas a ele e a Ramatís. Acreditamos que, nesta obra, o leitor conseguirá distinguir o estilo de Atanagido, às vezes num tom de surpresa, outras impregnado de certo humorismo, diferindo em relação à argumentação filosófica e o poder de síntese próprios de Ramatís.

Em virtude de ambos os espíritos operarem intimamente ligados na confecção desta obra, verifiquei inúmeras vezes que, enquanto algumas respostas eram dadas por Atanagildo, fluíam-me pela mente inúmeras considerações e comparações filosóficas que ampliavam mais detalhadamente as respostas, e traíam perfeitamente a intromissão de Ramatís, assim como o identificavam acionando-me à altura do cerebelo. Mais tarde pude realmente comprovar melhor que o trabalho era feito com ambos os espíritos operando mutuamente, pois diante de qualquer vacilação e demora na resposta de Atanagildo, verificava a interferência de Ramatís, que então explicava melhor o assunto da maneira que lhe é peculiar. Mas, apesar disso, as respostas de Ramatís ficavam sempre como de autoria de Atanagildo, a quem cabia o mérito de tudo. Esse fenômeno constituiu para mim um salutar aprendizado, pois pude avaliar da rapidez e da segurança do raciocínio de Ramatís, comparando suas respostas com o demorado e às vezes dificultoso modo com que Atanagildo chegava às suas conclusões.

Atanagildo é afeito à mesma índole universalista do seu mentor e amigo. Ligou-se a Ramatís desde antes do êxodo dos hebreus do Egito, tendo-o acompanhado em várias existências. O seu modo eclético é muito comum a todos os discípulos, admiradores e à maioria das leitores de Ramatís que, em número de alguns milhares, permaneceram mais tempo encarnados no Oriente.

Atanagildo viveu várias vezes na Grécia e, embora não estejamos autorizados a fornecer detalhes do seu passado, ele ainda traz grande influência adquirida naquelas reencarnações entre os gregos, das quais sabemos ter sido a mais importante entre os anos de 441 e 384 a.C., época em que também vivia Ramatís, na figura de conhecido mentor helênico.[2] Eis por que o leitor não deverá estranhar certo humorismo e ditos satíricos de Atanagildo, ainda o produto psicológico da velha irreverência dos gregos de sua época, acostumados a ironizar as instituições demasiadamente sisudas e dramáticas. Quando intercala suas respostas com certas conclusões humorísticas, não o faz para formular gracejos extemporâneos, mas apenas para melhor despertamento do leitor.

Oxalá possam estas mensagens mediúnicas aumentar o ânimo e a esperança daqueles que se atemorizam diante da morte do corpo, e beneficiar alguns corações abatidos pela incerteza do dia de amanhã.

Curitiba, 27 de outubro de 1957
Hercílio Maes

2 Hoje já é de amplo conhecimento ter sido ele Pitágoras de Samos, o luminoso filósofo e matemático (N.E.).

1. A caminho do Além

PERGUNTA: — Valendo-nos de vossa promessa, feita em reunião passada, desejaríamos receber impressões sobre a vossa desencarnação, bem como sobre os demais acontecimentos que se verificaram após o desligamento do vosso corpo físico. Ser-vos-ia possível atender-nos nesse propósito?

ATANAGILDO: — Eu havia completado vinte e oito anos de idade e guardava o leito, acometido de complicada inflamação nos rins, enquanto o médico da família esgotava todos os recursos para diminuir a cota de ureia que me envenenava o corpo, causando-me terrível opressão que parecia esmagar-me o peito. Em face da minha angústia, que aumentava de momento a momento, procurei explicar ao médico o que sentia, ansioso de um alívio, mesmo que fosse por breves instantes. Mas estranhava, ao mesmo tempo, que, à medida que baixava a minha temperatura, aguçavam-se-me os sentidos; algumas vezes tinha a impressão de que era o centro consciente, absoluto, de toda a agitação que se fazia em torno de meu leito, porque captava o mais sutil murmúrio dos presentes. De modo algum poderia compreender a natureza do estranho fenômeno que me dominava, pois, à medida que recrudescia a minha faculdade de ouvir e sentir, também em minha alma se fazia misterioso barulho, como se esquisita voz sem som me gritasse num tom desesperado.

Era terrível associação psicológica; algo desconhecido, que

se impunha e me bradava sinal de perigo, rogando-me urgente coordenação e rápido ajuste mental. Das fibras mais íntimas de minha alma partia violento apelo, que me exigia imediata atenção, a fim de que eu providenciasse os meios necessários para eliminar um iminente perigo invisível. Subitamente, a voz do médico se fez ouvir, com inusitada veemência:

— Depressa! O óleo canforado!

Então, invisível torpor já não me deixava agir e do imo de minha alma começava a crescer o impacto invasor, que principiava a agir sobre a minha consciência em vigília; depois, num implacável crescendo, percebia que no meu ser eclodia um angustiado esforço de sobrevivência, que se produzia pelo instinto de conservação. Tentei reunir as derradeiras forças que se me esvaíam, a fim de rogar o socorro precioso do médico e avisá-lo de que carecia de sua imediata intervenção. Entretanto, sob forte emoção e instintivamente atemorizado, eis que ouvi-o dizer desalentado:

— Nada mais se pode fazer! Conformem-se, porque o senhor Atanagildo já deixou de existir!

Meu corpo já devia estar paralisado, mas, pelo choque vivíssimo que recebeu a mente, compreendi perfeitamente aquele aviso misterioso que antes se evolara do âmago de minha alma; fora o desesperado esforço que o instinto animal despendera para que eu ainda comandasse o psiquismo sustentador das células cansadas. A comunicação do médico gelou-me definitivamente as entranhas, se é que ainda existia nelas algum calor de vida animal. Embora eu sempre tivesse sido devotado estudioso do Espiritismo filosófico e científico, do mundo terreno, é inútil tentar descrever-vos o terrível sentimento de abandono e a aflição que me tomaram a alma, naquele momento. Eu não temia a morte, mas partia da Terra exatamente no momento em que mais desejava viver, porque principiava a realizar projetos amadurecidos desde a infância e, além disso, estava próximo de constituir o meu lar, que também fazia parte do meu programa de atividades futuras.

Quis abrir os olhos, mas as pálpebras pesavam-me como chumbo; envidei hercúleos esforços para efetuar qualquer movimento, por mais débil que fosse, na esperança de que os presentes descobrissem que eu ainda não "morrera", o que de modo algum podia acreditar, tal era a minha agudeza interior. Então, repercutiu-se violentamente esse esforço pela rede "psico-mental" e ainda mais se avivaram os sentidos já aguçados da alma, os quais transmitiam-me as notícias do mundo físico, por meio de exótico sistema telefônico que eu sempre ignorara possuir. Sentia-me colado à pele ou às carnes cada vez mais frígidas, como se estivesse despido e apoiado sobre geladas paredes de cimento em manhã hibernal. Apesar desse estranho frio, que eu supunha residir exclusivamente no sistema nervoso, podia ouvir todas as vozes dos "vivos", os seus soluços, clamores e descontroles emocionais junto ao meu corpo.

Por meio desse delicadíssimo sentido oculto e predominante noutro plano vibratório, pressenti quando minha mãe se debruçou sobre mim e ouvi-a pronunciar:

— Atanagildo, meu filho! Não podes morrer; tu és tão moço!...

Senti a dor imensa e atroz que lhe ia pela alma, mas eu me encontrava algemado à matéria hirta, não podendo transmitir-lhe o mais débil sinal e aliviá-la com a sedativa comunicação de que ainda me encontrava vivo. Em seguida, achegaram-se vizinhos, amigos e talvez algum curioso, pois eu os pressentia sempre e captava-lhes o diálogo, embora tudo me ocorresse sob estranhas condições psíquicas, porquanto não assinalava nenhuma vibração por intermédio dos sentidos comuns do corpo físico. Sentia-me, por vezes, suspenso entre as duas margens limítrofes de dois mundos misteriosamente conhecidos, mas terrivelmente ausentes! Às vezes, como se o olfato se me aguçasse novamente pressentia o cheiro acre do álcool que servia para a seringa hipodérmica, assim como algo parecido ao forte odor do óleo canforado. Mas tudo isso se realizava no silêncio grave de minha alma, porquanto não identificava os quadros exteriores, assim como não conseguia avaliar com exatidão o que devia estar me acontecendo; permanecia oscilando, continuamente, entre as sensações de um pesadelo mórbido. De vez em quando, por força dessa acuidade psíquica, o fenômeno se invertia; então eu me via centuplicado em todas as reflexões espirituais, no estranho paradoxo de me reconhecer muito mais vivo do que antes da enfermidade que me vitimara.

Durante a minha existência terrena, desde a idade de dezoito anos, eu desenvolvera bastante os meus poderes mentais com exercícios de natureza esotérica. Por isso, mesmo naquela hora nevrálgica da desencarnação, conseguia manter-me em atitude positiva, sem me deixar escravizar completamente pelo fenômeno da morte física; eu podia examiná-lo atentamente, porque já era espírito dominado pela ideia da imortalidade. Postado entre dois mundos tão antagônicos, sentindo-me no limiar da vida e da morte, guardava uma vaga lembrança de que aquilo já me havia ocorrido, alhures, e que esse acontecimento não me parecia suceder-se pela primeira vez. O raciocínio espiritual fluía com nitidez e a íntima sensação de existir, independentemente de passado ou de futuro, chegava a vencer as impressões agudíssimas, que por vezes me situavam em indomável turbilhão de energias que se punham em conflito na intimidade de meu perispírito.

Mas, de súbito, outro sentimento se me apresentou angustioso e também me dominou com inesperado temor e violência; foi algo apocalíptico e que, apesar de minha experiência mental positiva e controle emotivo, me fez estremecer ante a sua proverbial realidade. Reconhecia-me vivo, na plenitude de minhas faculdades psíquicas; em consequência, não estava morto, mas também nem vivo ou livre do corpo material. Sem qualquer dúvida, achava-me preso ao organismo carnal, pois que sensações tão nítidas só podiam ser transmitidas através do meu sistema nervoso. Desde que o sistema nervoso ainda estivesse cumprindo a sua admirável função de me relacionar com o ambiente exterior, obviamente eu também estaria vivo no mundo físico, embora sem poder reagir, por ter sido vitimado por qualquer acontecimento grave.

Não guardei mais ilusões; acreditei que fora vítima de violento ataque cataléptico e, se não me acordassem em tempo, eu seria enterrado vivo. Já antevia o horror do túmulo gélido, os movimentos das ratazanas, a infiltração da umidade da terra no meu corpo e o odor repugnante dos cadáveres em decomposição. Colado àquele fardo inerte, que já não atendia aos apelos aflitivos do meu comando mental e ameaçava não despertar em tempo, previa a tétrica possibilidade de assistir impassível ao meu próprio enterro.

Em seguida, nova e estranha impressão principiou a se apossar de minha alma; primeiramente se manifestava como um afrouxamento inesperado, daquela rigidez cadavérica; depois, um refluxo coordenado para dentro de mim mesmo, que me deixou mais inquieto e assinalava algo de acusatório. Se não exagero, ao considerar o fenômeno que ocorria, tinha a impressão de estar sendo virado pelo avesso, pois a memória recuava paulatinamente, através de minha última existência, e enchia-me de assombro pela clareza com que passava a rever todos os passos de minha existência. Os acontecimentos se desenrolavam na tela mental do meu espírito à semelhança de vivíssima projeção cinematográfica. Tratava-se de incrível fenômeno, em que eram projetados todos os movimentos mais intensos de minha vida mental; os quadros se sobrepunham, em recuo, para depois se esfumarem, como nos filmes, quando determinadas cenas são substituídas por outras mais nítidas. Eu decrescia em idade; remoçava, e os meus sonhos fluíam para trás, alcançando as suas origens e os primeiros bulícios da mente inquieta. Perdia-me naquele ondular de quadros contínuos e gozava de euforia espiritual quando entrevia atitudes e fatos dignos e podia comprovar que agira de ânimo heroico e inspirado por sentimentos benfeitores. Só então pude avaliar a grandeza do bem; espantava-me de que um simples sorriso de agradecimento, nessa evocação interior e pessoal, ou então a minúscula dádiva que havia feito em fraternal descuido, pudesse despertar em meu espírito essas alegrias tão infantis. Esquecera-me da situação funesta em que me encontrava para acompanhar com incontido júbilo os pequeninos sucessos projetados em meu cérebro etérico; identificava a moeda doada com ternura, a palavra dita com amor, a preocupação sincera para resolver o problema do próximo, ou então o esforço para suavizar a maledicência para com o irmão desajustado. Ainda pude rever, com certo êxtase, alguns atos que praticara com sacrificial renúncia, porque não só perdera na competição do mundo material, como ainda humilhara-me a favor de adversário necessitado de compreensão espiritual.

Se naquele instante me fosse dado retomar o corpo físico e levá-lo novamente ao tráfego do mundo terreno, aquelas emoções e estímulos divinos teriam exercido tal influência benéfica em minha alma, que os meus atos futuros justificariam a minha canonização depois da morte física. Mas, em contraposição, não faltaram também os atos indelicados e as estultices do moço ardendo em desejos carnais; senti, subitamente, quando as cenas se me tornavam acusatórias; referindo-se às atitudes egocêntricas da juventude avara de seus bens materiais, quando ainda me dominava a volúpia de possuir o "melhor" e superar o ambiente pela ridícula superioridade da figura humana. Também sofri pelo meu descuidismo espiritual da mocidade leviana; fui estigmatizado pelas cenas evocativas dos ambientes deletérios, quando o animal se espoja nas sensações lúbricas. Não era uma acusação endereçada propriamente a uma natureza devassa, coisa que, felizmente, não ocorrera comigo, mesmo na fase da experiência sexual, mas que comprovava, naquele momento retrospectivo, que a alma realmente interessada nos valores angélicos deve sempre repudiar o ambiente lodoso da prostituição da carne. No quadro de minha mente superexcitada, eu identificara os momentos em que a fera do sexo, como força indomável, me atraíra ao limiar do charco em que se debatem as infelizes irmãs deserdadas da ventura doméstica.

A projeção cinematográfica ainda continuava fluente em minha tela mental, quando reconheci a fase do aprendizado escolar e, depois, os folguedos da infância, cujos quadros, por serem os de menor importância na responsabilidade da consciência espiritual, tiveram fugaz duração. Espantadíssimo, creio que por causa da disciplina e dos êxitos dos meus estudos esotéricos, pude identificar um berço guarnecido de rendas, reconhecendo-me na figura de um rosado bebê, cujas mãos buliçosas e o corpo tenro eram objetos de júbilo e afagos de dois seres, que se debruçavam sobre mim — meus pais! Mas o que me deixava intrigado e confuso é que, no seio dessa figura tão diminuta, de recém-nascido, sentia-me com a consciência algo desperta e dona de impressões vividas num passado remoto. Parecia-me envidar tremendos esforços para vencer aquele corpinho delicado e romper as algemas da carne, na tentativa de transmitir palavras inteligíveis e pensamentos adultos. Detrás da figura do bebê inquieto, com profundo espanto, eu reconhecia a "outra" realidade de mim mesmo.

Atento ao fenômeno dessa evocação psíquica, tal como se vivesse o papel de principal ator em movimentado filme cinematográfico, chegava a estranhar o motivo daquelas imagens retroativas terem se interrompido e findado naquele berço enfeitado, quando "algo", em mim, teimava em dizer que eu me prolongava além, muito além daquela forma infantil.

Percebi, repentinamente, que a vontade bastante desenvolvida na prática ocultista me exauria ante o esforço de prosseguir para trás, certo de que, sob o meu desenvolvimento mental, eu terminaria desprendendo-me do bebê rechonchudo, que traçava o limite de minha existência, para alcançar o que deveria "existir" muito antes da consciência configurada pela personalidade de Atanagildo. Confiante nas minhas próprias energias mentais, à semelhança do piloto que deposita fé absoluta em sua aeronave, não temi os resultados posteriores, pois, ousadamente, sob poderoso esforço quase heroico, desejei ir mais além e transpor aquele berço enfeitado de rendas, que significava a barreira do meu saber, mas não o limite do meu existir. Havia um mundo desconhecido mais além daquele diminuto corpo focalizado na minha retina espiritual, mundo que tentei devassar, embora manietado em terrível transe que supunha de ordem cataléptica.

Sob poderosa concentração de minha vontade, coordenei todas as minhas forças mentais disponíveis, ativando-as num feixe altamente energético e, decididamente, como se movesse vigoroso aríete, arremeti para além do misterioso véu que deveria esconder o meu próprio prolongamento espiritual. Atirei-me, incondicionalmente, na estranha aventura de buscar a mim mesmo, conseguindo desatar os laços frágeis que ligavam a minha memória etérica à figura daquele atraente bebê rosado. Então consegui comprovar o maravilhoso poder da vontade a serviço da alma resoluta; sob esse esforço tenaz, perseverante e quase prodigioso, rompeu-se a cortina que me separava do passado. Surpreso e confuso, senti-me envolvido por festivo badalar de sinos possantes e, ao mesmo tempo, ouvia o rumor de grande algazarra a determinada distância de onde devia me encontrar.

Enquanto as ondulações sonoras do bronze inundavam o ar, senti-me envolvido pela brisa agreste, impregnada de um perfume próprio do lírio ou de flores familiares às margens dos lagos ou dos rios, ao mesmo tempo que uma nesga de um céu azul-esbranquiçado, comum aos dias hibernais, volteou exoticamente sobre mim. Ainda pude compreender que me encontrava suspenso, no ar, pois fui agitado por vigoroso balanço, enquanto forcejava para romper as cordas que me imobilizavam, contra a vontade. Sob a pressão de calejada mão suarenta, que me comprimia os lábios, estava impedido de gritar, enquanto violenta dor fazia-me arder o peito e a garganta. Pairei um pouco, acima do solo e, subitamente, num impulso mais forte, fui atirado ao seio de água pantanosa, onde o perfume dos lírios se confundia com o malcheiroso visco da lama do rio. Quando mergulhei, ouvi ainda o bimbalhar dos sinos de bronze e as vozes humanas num tom festivo; pouco a pouco, tudo se foi perdendo num eco longínquo, enquanto os meus pulmões se sufocavam com a água suja e frígida.

Esse rápido entreato da cessação de minha consciência, no mergulho das águas geladas, fez-se perder o cordel das imagens que se reproduziam na minha memória perispiritual e, como se retornasse de profundo pesadelo, senti-me novamente na personalidade de Atanagildo, vivo mentalmente, mas preso a um corpo de carne inteiriçada.

Mais tarde, quando já de posse da memória de minha última existência, pude então identificar aquela cena, ocorrida na França em meados do século XVIII, quando eu fora surpreendido, de tocaia, por meus rivais enciumados da minha afeição por determinada jovem, os quais, depois de ferirem-me na garganta e no peito, lançaram-me no rio Sena, atrás da igreja de Notre Dame, justamente na manhã em que se realizavam importantes comemorações religiosas. Por isso, no meu transe psicométrico de retorno ao passado, ocorrido durante a última desencarnação, eu sentia reviver a sensação da água frígida em que fora atirado, pois a cena se reavivou fortemente no meu perispírito, assim que se conjugaram as forças vitais, em efervescência, para evitar o meu desenlace.

Após aquela reprodução da queda no rio Sena, e quando eu ainda pensava no trágico acontecimento, recrudesceram dentro de mim as vozes e os soluços mais ardentes; a imagem do passado esfumou-se rapidamente e reconheci-me ligado de novo ao corpo hirto. Não tardei em adivinhar que Cidália, minha noiva, havia chegado à minha casa e se debruçava desesperadamente sobre o meu cadáver, deixando-se açoitar pela dor pungente da separação dolorosa. Então, avivou-se-me com mais violência a terrível ideia de que fora vitimado pelo sono cataléptico!...

Imensamente surpreso, pude notar que as minhas reminiscências cinematográficas, que haviam reproduzido no meu cérebro toda a existência transcorrida desde o berço e, além disso, revelado um detalhe da cena ocorrida na França, não haviam durado mais do que um ou dois minutos. Era o tempo exato que Cidália deveria ter gasto para vir de sua casa até o meu lar, assim que a avisaram de minha suposta morte, pois residia a uma quadra de distância. Mais tarde, pude compreender melhor esse fato, quando de posse da consciência espiritual desligada da matéria.

Em tão curto espaço de tempo, eu pude rever os principais acontecimentos de minha última existência, no Brasil, e ainda contemplar o quadro derradeiro da reencarnação anterior.

Mas em breve renovou-se-me o ânimo e eu me tornei algo indiferente à situação grave em que me encontrava, pois já havia comprovado, em mim mesmo, a imortalidade ou a sobrevivência indiscutível do espírito, o que atenuou-me o receio de sucumbir, mesmo diante da apavorante probabilidade de ser enterrado vivo. Graças ao poder de minha vontade disciplinada, impus certa tranquilidade ao meu psiquismo inquieto, controlando emoções e preparando-me para não perder o mínimo detalhe dos acontecimentos, pois mesmo ali, no limiar da "morte", o meu espírito não perdia o seu precioso tempo e tentava engrandecer a sua bagagem imortal. Mas, ainda em obediência aos fortes imperativos do instinto de conservação, reuni novamente as forças dispersas e tentei provocar um influxo de vitalidade no meu organismo inerte, a fim de despertá-lo, se possível, do seu transe cataléptico, para retornar à vida humana ainda mais enriquecido e convicto espiritualmente, graças às comprovações que obtivera na emersão da memória perispiritual.

Justamente nesse instante de afluxo vital, os sentidos se me aguçaram novamente, fazendo-me pressentir algo ainda mais grave e que me profetizava indomável violência. Não podia precisar a natureza exata do pressentimento, mas reconhecia a sua gênese oculta na minha alma e que me punha de forte sobreaviso. Longínqua tempestade se desenhava no horizonte de minha mente e o instinto de conservação lançava o temor no imo de meu espírito. Pouco a pouco, identificava o ribombo do trovão a distância, enquanto vivia a sensação de me encontrar ligado ao cadinho de energias tão poderosas, que pareciam as forças de nutrição do próprio Universo. A tempestade que tomava conta de mim não parecia vir de fora, mas sim eclodir lenta e implacavelmente no interior de minha própria alma. Acompanhei-lhe o crescendo implacável e percebi, desconcertado, que era em mim mesmo, no cenário vivo de minha morada interior, que ela se desenvolvia a caminho de tremendo "clímax" de violência.

Quase que agachado em mim mesmo, ouvi o tremendo trovão ribombar nas entranhas do meu espírito; fui sacudido em todas as fibras do meu ser, à semelhança de frágil haste de junco chicoteada pelo vento indomável. O choque foi poderoso e mergulhei num estranho turbilhão de luzes e faíscas elétricas para desaparecer tragado nesse vórtice flamante. Em seguida, perdi o comando da consciência.

O fenômeno, em verdade, identificava o temeroso momento da verdadeira desencarnação, comum a todos os seres, quando se rompe o último laço entre o espírito e o corpo físico, laço esse situado à altura do cerebelo, e pelo qual ainda se fazem as trocas de energias entre o perispírito sobrevivente e o corpo rígido. Após esse choque violento, eu ficara libertado definitivamente do corpo carnal e todo o meu perispírito pareceu recolher-se em si mesmo sob estranha modificação, dificultando-me o entendimento e a clareza psíquica, o que me fez perder a consciência de mim mesmo.

Não sei quanto tempo transcorreu até o meu despertar

no Mundo Astral, depois que os meus despojos haviam sido entregues à singeleza de uma sepultura. Recordo-me tão-somente de que, embora sentisse a temperatura algo fria, o meu corpo gozava de indescrítivel sensação de leveza e bem-estar, tendo desaparecido todas as angústias mentais, mas permanecendo certa fadiga e uma ansiedade expectante. O meu esforço situava-se no problema de reunir os pensamentos dispersos e ajuizá-los no campo da memória, a fim de entender o que pudesse ter acontecido comigo, porquanto ainda alimentava a sensação física de haver retornado de violento choque ou pancada no crânio, proveniente de algum contundente instrumento de borracha. Esse torpor era perturbado por um estranho convite interior, com relação ao ambiente onde me encontrava, repleto de expectativa e de silencioso mistério. Sentia-me bem, quanto ao estado mental, gozando a sedativa sensação de haver sido submetido a uma lavagem purificadora, cujos resíduos incômodos se houvessem depositado no fundo do vasilhame mental, permanecendo à tona apenas um líquido refrescante e balsâmico. Temia tentar algum esforço de memória muito pronunciado, a fim de não misturar a escória, depositada no fundo cerebral, com a limpidez agradável e cristalina da superfície.

A sensação era de paz e de conforto espiritual; não tendia para evocações dramáticas ou assuntos dolorosos; nem me achava crivado de indagações aflitivas para recompor a situação ainda confusa, pois as ideias, que se me associavam pouco a pouco, eram sempre de natureza otimista. Em oposição ao que eu considerava antes um terrível pesadelo, no qual vivera a sensação da "morte", aquele segundo estado de espírito assemelhava-se a suave sonho, que não desejava interromper.

Após breve esforço, pude abrir os olhos e, para minha surpresa, deparei com um teto alto, azulado, com reflexos e polarizações prateadas, semelhante a uma cúpula refulgente. Apoiava-se sobre delgadas paredes impregnadas duma cor azulada, em suaves tons luminosos; parecia que compridas cortinas de seda cercavam docemente o meu leito alvo e confortável, dando-me a impressão de que repousava sobre genuína espuma do mar. Uma claridade balsâmica transformava as cores em matizes refrescantes e, às vezes, parecia que a própria luz do luar filtrava-se por delgado cristal de atraente colorido lilás. Mas eu não vislumbrava instalações nem lâmpadas com que pudesse identificar a origem daquela luz agradável. De outra feita, eram fragmentos de pétalas de flores ou espécie de confetes duma cor carmim-rosado, que pousavam sobre mim e se desvaneciam na fronte, nas mãos e nos ombros, provocando-me a sensação de um banho de magnetismo reconfortante, a nutrir-me o corpo exausto, mas contente.

Estranhando o ambiente em que despertara, completamente diferente do modesto aposento que constituía o meu quarto de enfermo resignado, acreditei que fora transportado, às pressas, para algum hospital luxuoso e de instalações moderníssimas. Consegui, então, distinguir alguns vultos confusos, que me rodeavam o leito; um deles guardava forte semelhança com minha mãe e identifiquei-o como um homem de meia-idade. Uma senhora idosa, sorridente e extremamente afável, debruçou-se sobre mim e chamou-me com insistência. Pronunciou meu nome com profundo recolhimento e ao mesmo tempo com profunda veemência, conseguindo arrancar-me uma exaustiva e balbuciante resposta de aquiescência.

Ela sorriu com visível satisfação e chamou outra pessoa, de aspecto pálido, com olheiras profundas, vestida de branco imaculado, que me fez evocar a figura de um daqueles clássicos magos do Oriente, cuja fisionomia é serena, mas enérgica. Havia certa bonomia nos seus gestos e inconfundível segurança no agir; fitou-me com tal firmeza, que um fluxo de energia estranha, e de suave calor, projetou-se do seu olhar e atingiu-me a medula, amortecendo-me pouco a pouco o bulbo e o sistema nervoso, como se poderosa substância, hipnótica, se derramasse pelos meus plexos nervosos e provocasse incontrolável relaxamento dos músculos.

Lutei — esperneei, por assim dizer — tentando contrariar aquela vontade poderosa, mas uma ordem incisiva fixou-se-me no cérebro: — durma; então afrouxaram-se-me os músculos e fui quedando-me num doce e misterioso bem-estar para ser envolvido por gradativa inconsciência e desaparecer suavemente num voluptuoso repouso compensador. Numa réstia de consciência final, ainda pude ouvir a voz cristalina daquela senhora afável, que assim se expressava:

— Não lhe havia dito, irmão Crisóstomo, que só o irmão Navarana poderia provocar o repouso compensador ao seu neto e evitar-lhe a excessiva autocrítica tão prejudicial, ainda, à sua confusão psíquica e natural da desencarnação? Convenhamos em que o seu neto Atanagildo é portador de uma mente muito vigorosa.

Já no bruxuleio final da consciência em vigília, então eu compreendera tudo; Crisóstomo era o meu avô materno, a quem só conhecera na infância. Realmente, não havia mais motivos para lutar ou temer; eu era um "morto", na acepção da palavra ou, mais propriamente, um desencarnado!

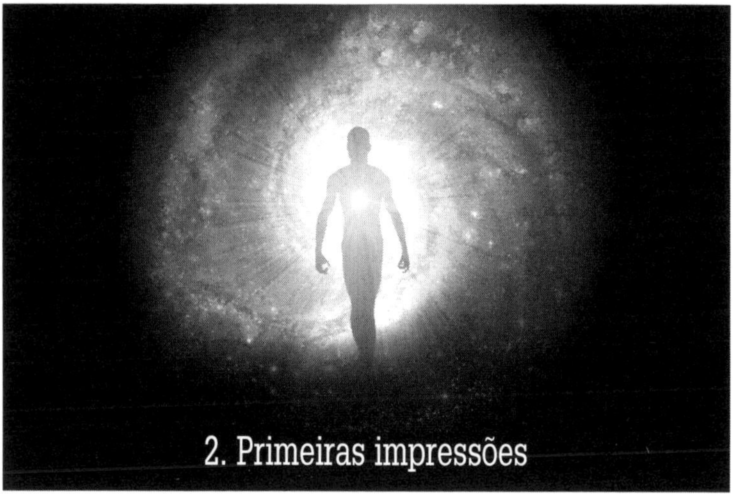

2. Primeiras impressões

PERGUNTA: — Quais foram as vossas novas impressões após despertardes no Além, depois de haverdes sido submetido ao sono, pelo irmão Navarana?

ATANAGILDO: — De princípio, não pude compreender o ambiente em que me encontrava, pois não conseguia vislumbrar nada além daquele quarto silencioso, envolto por agradável luminosidade e balsâmico fluido. Sentia-me num estado de profunda auscultação espiritual, mas reconhecia-me impedido de tentar qualquer esforço diretivo. Ainda em suave torpor, lembraria a figura silenciosa do peregrino a fitar o horizonte escuro, aguardando o advento da madrugada, para recomeçar a longa viagem interrompida pela noite.

Mantinha-me em curiosa expectativa, mas interiormente certo de logo desvendar o mistério que me cercava. Não tardei em notar estranho fenômeno de luzes, que surgiram inesperadamente assim como se incontável número de pétalas luminosas fosse lançado pelos faróis de veículos distantes para mergulharem no seio da densa cerração. Mentalmente desperto, eu observava aquela sucessão de luzes, que iam desde um azul-claro aos tons de safira e terminavam em matizes de agradável violeta que, ao me tocarem, se transformavam em um refrigério balsâmico. Não podia precisar de onde provinham; de vez em quando, o fenômeno se tornava até audível, pois eu supunha ouvir algumas vozes distantes, cuja pronúncia era de agradável entonação e simpatia.

Não tinha mais dúvidas quanto à natureza e à força daquelas luzes que me visitavam amiúde, pois elas sempre se esvaíam em mim, após deixarem-me a voluptuosa sensação de alívio e ao mesmo tempo de nutrição espiritual. Mas houve um momento em que me senti chocado, tal como se um jato de água fria caísse sobre o meu perispírito; em seguida, fui tomado de uma sensação de tédio, de pesar, e depois de angústia, para finalmente sentir algo como se fosse o remorso ou o arrependimento pela prática de qualquer ação má ou precipitada. No imo de minha alma ainda permanecia esse brado aflitivo, provocado por imprevista emoção de amargura, quando um novo facho daquelas luzes azuis-violeta vieram ao meu encontro e dissolveram miraculosamente toda aquela ação opressiva, restaurando as minhas forças e devolvendo-me o bem-estar anterior.

Então agradeci, em profunda prece a Jesus, o inesperado alívio traduzido nas asas daqueles confetes luminosos e coloridos que me penetravam a organização perispiritual e sumiam-se deixando-me delicioso alimento energético.

PERGUNTA: — Durante essas extraordinárias emoções já vos encontráveis desperto e consciente de que havíeis desencarnado?

ATANAGILDO: — Eu já havia despertado do sono hipnótico provocado pelo irmão Navarana, que agira em companhia de meu avô Crisóstomo e da irmã Natalina, aquela senhora bondosa e afável que me atendera antes de minha imersão no repouso reparador. Quando eu me acordara, da primeira vez, fora apenas um rápido estado de vigília astral, em que ainda me sentia exausto e com o corpo dolorido, além de sentir um frio incômodo; estava cansado da travessia que deveria ter feito da crosta até a região onde pudera me situar. O repouso se fazia necessário, porque o tipo de enfermidade que me havia feito desencarnar era de molde a exaurir grandes cotas de energias espirituais, que muito são necessárias no trânsito para o Além.

PERGUNTA: — Podemos considerar que os mesmos fenômenos e o modo de vossa desencarnação podem servir de padrão para avaliarmos os acontecimentos com outros desencarnados?

ATANAGILDO: — De modo algum deveis pensar na igualdade de sensações e de acontecimentos para com todos os que desencarnam; não há, possivelmente, uma desencarnação exatamente igual a outra. A situação na hora da "morte", para cada criatura, depende fundamentalmente de sua idade sideral e dos hábitos psíquicos que tenha adquirido através dos milênios já vividos no contato com a matéria; influi para cada um a sua natureza moral e mesmo o tipo de energias que ainda predominem, em reserva, no seu perispírito; energias essas que variam de conformidade com os climas ou regiões da Terra ou de outros planetas em que o espírito tenha se reencarnado. Entretanto, existem certos fatos e acontecimentos que são comuns em quase todos os casos de desencarnação e que fazem parte do processo de desligamento do corpo, como sejam a recordação imediata e regressiva de toda a existência que se finda, a agudeza de percepção nos primeiros momentos da agonia, a suposição de se tratar de um sonho ou pesadelo e, também, o choque interior que se verifica com o rompimento do último cordão de vida carnal. Afora tais fenômenos e o tempo de sua duração, a desencarnação varia de espírito para espírito, diferindo também os demais acontecimentos que se sucedem após o despertar no Além-túmulo.

PERGUNTA: — Qual a origem dessas luzes coloridas e que se desfaziam junto ao vosso perispírito?

ATANAGILDO: — Durante minha última reencarnação eu pudera manter-me num certo nível espiritual equilibrado, conforme já vos disse, graças ao desenvolvimento de sadia vontade que havia empregado satisfatoriamente sob a inspiração do serviço de Jesus. Embora não fosse portador de credenciais santificantes, sempre fui compassivo, pacífico e tolerante, esforçando-me para viver a distância de sensações pervertidas, das conversas licenciosas ou de anedotário indecente, que ainda é muito comum à maioria da humanidade. Os exercícios esotéricos, as práticas elevadas e as reflexões superiores, a que me submetia amiúde, sublimavam-me a carga de magnetismo superexcitante no metabolismo do sexo. Mergulhei deliberadamente na leitura filosófica de alta estirpe espiritual e buscava viver de modo sensato, medindo os meus pensamentos e controlando minhas palavras. Era comunicativo e alegre, despido de preconceitos e afável para com todos; nunca me rebelava diante dos acontecimentos desagradáveis da existência humana, embora também tivesse sido provado no curso do sofrimento e nas mais íntimas fibras do ser. Também não me interessavam as gloríolas políticas nem me afligia pela posse desafogada dos tesouros que "a traça rói e a ferrugem consome".

Desde a infância sentira-me possuído de inexplicável ardor e ansiedade para saber o que eu era, donde vinha e para onde ia. Reconhecia que esse conhecimento era de capital importância para a minha vida e que tudo mais era de insignificante valor. Sob essa íntima e incessante preocupação, conseguia ser feliz com bem pouca coisa, porque eram raras as seduções do mundo que conseguiam despertar-me interesse ou atear-me o desejo de possuir riquezas. Gostava de empregar alguma parte de meus haveres em favor dos deserdados e auxiliar a pobreza do meu subúrbio. Quando me punha a solucionar os problemas alheios, nunca o fazia por exclusivo interesse pessoal e bonificava o próximo despreocupado da ideia capciosa de me candidatar aos favores do céu. De modo algum vivia a fanática preocupação de "fazer caridade", a fim de cumprir um dever espiritual; sempre agia com espontaneidade, e os problemas difíceis e aflitivos, do próximo, significavam os meus próprios problemas necessitados de urgente solução.

O meu "ativo" espiritual se apresentava com certo fundo de reserva, quando da minha desencarnação para o Além, pois aqueles que souberam da minha "morte" não só a prantearam sob ardentes votos de ventura celestial, como os mais afetivos e gratos continuaram a me dedicar preces em horas tradicionais, evocando-me com ternura e compassividade espiritual.

Essas orações e ofertas de paz, dedicadas ao meu espírito desencarnado, é que se transformavam naquelas luzes azuis, lilases e violetas e que, na figura de pétalas coloridas e luminosas, fundiam-se com o meu corpo astral e o inundavam de vibrações balsâmicas e vitalizantes.

A rogativa no sentido do bem é sempre dádiva celeste, e mal podeis avaliar quanto ela auxilia o espírito nos seus primeiros dias de desencarnação. Trata-se de energia confortante, que às vezes se assemelha à brisa suave e de outra feita se transforma em fluxos energéticos, vivos, que reanimam a atividade do perispírito. O fato de me desligar mais depressa dos despojos cadavéricos — embora essa libertação dependa fundamentalmente do estado moral do desencarnante — devo muito às orações que não cessaram de pousar afetuosamente em minha alma.

PERGUNTA: — E qual o motivo por que ficastes subitamente num estado de angústia e de arrependimento, no momento em que vos pareceu receber um jato de água fria, só vos reanimando posteriormente pelo regresso das pétalas de luzes coloridas?

ATANAGILDO: — Só depois de desencarnarmos é que realmente compreendemos o espírito da advertência constante daquela frase de Jesus, quando anunciou que a criatura deverá pagar até o "último ceitil"! Naqueles momentos abençoados, em que se depositava sobre mim o reconfortante maná trazido pelas orações nas asas daquelas fagulhas luminosas, alguém interceptava o fluxo dessas preces e perturbava-me a recepção do precioso alimento da alma. Só mais tarde vim a descobrir a razão daquelas quebras vibratórias, repentinas, embora de curta duração, mas que me angustiavam, pondo-me na situação de culpado por qualquer coisa que não sabia explicar. Indubitavelmente, era lançada contra mim alguma carga nociva, de tal vibração negativa que me percorria o corpo, à semelhança de um vento desagradável, em completa oposição ao efeito das luzes sedativas.

Tratava-se de Anastácio, um infeliz delinquente que eu conhecera na Terra, na última reencarnação, mas que a mim se ligara pelos imperativos da Lei do Carma, como consequência do meu passado descuidoso. Era a cobrança justa do "último ceitil" que lhe devia. Embora eu já tivesse envidado os maiores esforços para saldar a minha dívida cármica para com o planeta e reajustar-me na contabilidade divina com quase todos os meus credores de maior importância, Anastácio fora a criatura que ainda continuara adejando à minha sombra, pondo-me à prova o máximo de tolerância de espírito. E usando e abusando desse direito derradeiro, que ainda lhe conferia a Lei do Carma, para a cobrança justa de minha dívida, ele sempre agiu de modo implacável, apesar de todo socorro e proteção que lhe dispensara na última romagem.

Espírito imaturo e insatisfeito, demonstrando hostilidade mesmo diante dos indiscutíveis bens que lhe proporcionara na última romagem física e, como não pudera se vingar totalmente, desforrou-se após a minha desencarnação, vibrando odiosamente contra mim e tentando macular-me a memória na Terra, a fim de desvalorizar os favores recebidos.

Mas o fato era muito natural e próprio do seu estado evolutivo, pois, enquanto o espírito elevado perdoa as maiores ofensas que lhe fazem, o involuído não perdoa sequer um esbarro em sua pessoa. As almas pequeninas e infelizes vertem tonéis de ódio contra os que mal lhe respingam algumas gotas de água.

PERGUNTA: — Para que melhor compreendamos vossa situação espiritual após a desencarnação, poderíeis nos explicar algo sobre as vossas relações aqui na Terra com esse irmão Anastácio?

ATANAGILDO: — Anastácio era um homem profundamente desajustado e ocioso no meio humano; usava de toda capciosidade para com aqueles que o socorriam, amiúde, como acontecera comigo. É evidente que, sob imperativo cármico, ele cruzou o meu caminho, na mocidade, induziu-me a ajudá-lo a casar-se com certa jovem pobre, filha de ferroviário, a qual ele abandonou após três anos de casados, deixando-a com dois filhos, ao desamparo. Compadecido de tal situação, fui em socorro dos três infelizes e normalmente os assisti, valendo-me dos proventos hauridos em trabalho honesto. Mais tarde, a esposa de Anastácio uniu-se a outro homem, laborioso, mas paupérrimo; o meu ajutório também não lhes faltou, mas Anastácio irritou-se com isso, acoimando-me de culpado pela sua infelicidade, chegando ao ponto de emitir conceitos caluniosos à minha pessoa, atribuindo-

-me falta de honestidade para com a sua ex-esposa.

Felizmente, dado o meu conhecimento espiritual, que em grande parte me ajudava a entender a origem enferma da maioria das perfídias humanas, desisti de formular justificações à opinião pública ou de perturbar-me no ambiente do mundo transitório. Não só perdoei a calúnia de Anastácio, a qual me causara sérios dissabores e prejuízos morais, como também preferi olvidar-lhe a própria perfídia, tratando-o bem como antes, sem que ele notasse, sequer, qualquer mudança no brilho do meu olhar.

Mais tarde, o infeliz entrou em conflito com o novo companheiro de sua esposa que, apesar de franzino, era homem curtido no serviço pesado e hábil na luta, motivo por que o massacrou à vontade, obrigando-o a ficar hospitalizado por longo tempo, com fraturas nas costelas e na fronte. Tratei logo de acudi-lo; retirei Anastácio da enfermaria de indigentes, coloquei-o num excelente hospital, com todos os recursos médicos, e ajudei-o qual irmão abnegado durante mais de quatro meses. Quando Anastácio saiu do hospital, teve a coragem de andar propalando que a minha dedicação e a cobertura das despesas de seu tratamento provinham da necessidade que eu tinha de superar o meu próprio remorso de havê-lo separado da esposa. Subestimava sempre o esforço feito a seu favor e confundia a minha humildade com o servilismo. Movido pelo seu espírito capcioso e negligente passou a me explorar de todos os modos, no mais flagrante ato de chantagismo.

Certo de que eu ficara confrangido com a sua calúnia, propalando que eu o socorria temeroso de escândalo, não esquivou-se de me procurar novamente. Como eu me encontrava decidido a superar todas as minhas paixões e a escoimar a minha alma das mazelas do passado, deliberei servir-me da vingança de Anastácio como um exercício cotidiano de renúncia, resignação e iniciação espiritual, na forma de intensiva prática superior.

É verdade que eu pressentia a minha desencarnação, mais ou menos próxima pois, dotado de grande sensibilidade psíquica, que ainda mais se firmara pela cuidadosa alimentação vegetariana e pela higiene psíquica e mental, vivia em acentuada relação interior com o mundo invisível, travando verdadeiros diálogos mentais com os meus mentores e demais amigos desencarnados.

PERGUNTA: — De acordo com a Lei do Carma, tínheis que pagar os males que também havíeis feito a Anastácio, ou então fostes vítima de um sofrimento injusto. Que nos dizeis?

ATANAGILDO: — A Lei do Carma não é bem a lei do "olho por olho e dente por dente", como geralmente a entendeis, e pela qual um fato delituoso terá que gerar outro fato idêntico e pagável pelo culpado. Aparentemente, parece que houve exagero por parte de Anastácio, em contraposição com a minha tolerância, por se tratar de alma demasiadamente capciosa e vingativa. Mas a solução do problema de cada alma é para consigo mesma e não para com a Lei, pois esta não cria acontecimentos iguais aos anteriores para se fazer cumprir a punição. Não seria justo que o delito de um homem, em certa existência, obrigasse a Lei a criar um acontecimento criminoso, no futuro, para que o culpado se ajustasse ao mesmo na próxima encarnação.

O Cristo deve servir de barômetro, a fim de podermos conhecer qual a "pressão" do nosso espírito em todos os nossos atos, à semelhança de uma agulha bussolar, que nos guie sempre para o norte da bem-aventurança eterna. Só um caminho existe para a definitiva libertação das algemas cármicas nos mundos físicos: é a renúncia e o sacrifício absoluto para com os nossos algozes e detratores. E, "se o teu adversário obrigar-te a andar uma milha, vai mais uma com ele e, se te tirar a capa, larga-lhe também a túnica", é o conceito que melhor nos indica a solução desses problemas adversos, do passado.

Na farta messe de perfídias e ingratidões recebidas de Anastácio, eu colhia os frutos da má semente plantada alhures, em momentos de imprudência espiritual. Não havia exigência absoluta da Lei para que eu pagasse a Anastácio tostão por tostão; mas teria que suportá-lo junto a mim, na última encarnação, e sofrer-lhe as reações naturais do seu espírito delinquente, porque o atraíra no passado para a órbita do meu destino espiritual. Quando minha alma ainda se aferrava brutalmente às ilusões da vida material, eu me servira dele, usando-o como fiel comparsa que sabia cumprir todas as minhas ordens imprudentes e materializava fielmente toda a minha vontade egocêntrica.

As mazelas e subversões de Anastácio foram-me um excelente recurso em remotas existências, e servi-me delas para fins desonestos e prejuízos ao próximo. Em lugar de orientar Anastácio, para que adquirisse melhores estímulos para o Bem, não só exaltei-lhe os próprios defeitos, como ainda alimentei a natureza capciosa do seu espírito vingativo, tirando dele todo o proveito possível para solucionar os meus problemas de riqueza, fama e poderio. Ele, então, se tornou o meu servidor incondicional e colocou toda a sua bagagem inferior à minha disposição, assim como o enfermo se posta diante do médico, expondo-lhe as chagas do corpo. É óbvio que um médico não se aproveita das chagas do doente para aumentar a sua renda; no entanto, eu procedi ao contrário; a minha inteligência soube aliar as minhas maquinações, habilmente, às chagas morais de Anastácio, quando devia curá-lo, como me ordenava o mais singelo dever fraterno.

Em consequência, a Lei do Carma ligou-me a ele através dos séculos, pois se o mantive falaz, capcioso e ingrato, para melhor aproveitá-lo no sucesso dos meus planos maquiavélicos, era muito justo que eu viesse a sofrer as consequências de minhas próprias imprudências quando a técnica sideral resolveu conduzi-lo à minha presença, reafirmando-se então o velho conceito evangélico: "o que o homem plantar, isso colherá". Se eu houvesse sublimado aquela alma ainda informe é claro que também poderia tê-la junto de mim, na última existência, como excelente companheiro afinado às minhas ideias e também sugestionado pelos meus novos sentimentos. Em outras existências anteriores fora o meu comparsa fiel que reproduzia no ambiente do mundo material o conteúdo subvertido que eu pensava e queria; ultimamente, apesar de minha melhoria espiritual e de distanciar-me de seu campo vibratório inferior, ele postou-se junto a mim como terrível barômetro, que eu mesmo confeccionara, para medir a temperatura emotiva do meu coração.

Em vista da grande disparidade espiritual que se fez

entre mim e Anastácio — pois realmente efetuei hercúleo esforço para me elevar acima das minhas próprias mazelas morais do passado —, eu só poderia libertar-me da sua presença na forma de absoluta renúncia, devendo entregar-me de "mãos e pés atados" à sua vilania e ingratidão insuperáveis. Para isso, teria que me sujeitar às mais acerbas humilhações e infâmias, sofrendo em mim mesmo o que por meu intermédio também provocara noutros seres. E, na conformidade da lei tradicional de que "quem com ferro fere, com ferro será ferido", Anastácio significou o próprio instrumento retificador de minhas velhas atitudes, submetendo-me a terríveis testes de tolerância, paciência, perdão e humilhação. A Lei não se serviu dele para punir-me, o que seria incompatível com a bondade de Deus; mas transformou-o no recurso terapêutico para a minha alma, efetuando-se a cura através do processo *similia similibus curantur*.

Eis por que ele sempre se me apresentou como um indivíduo exigente, que não tolerava as minhas negativas e subestimava os meus auxílios. Apresentava-se de modo provocante à minha frente, na figura de alguém que eu explorara, diferenciando-se ostensivamente da condição comum de pedinte necessitado; exigia com arrogância, dando-me a entender que não pedia favores, mas apenas requeria devolução. Era incapaz de reagir desaforadamente, mesmo diante de criaturas do seu próprio nível moral, mas para mim se transformava num verdadeiro inquisidor, cuja força devia provir da terrível acusação subjetiva que o seu espírito me formulava, verberando o progresso que eu já havia alcançado, e por tê-lo abandonado na delinquência do mundo, depois de sua adesão incondicional a mim, no passado.

Felizmente, pressenti a força e a justiça da Lei, que me solicitava o devido reajustamento, reconheci em Anastácio a alma credora desse passado e tornei-me dócil, tolerante e mesmo jubiloso diante de suas ingratidões, convicto de que, com essa "autopunição", cancelava em público o saldo devedor das subversões espirituais.

PERGUNTA: — Mas, em face das leis divinas, o sofrimento e a humilhação que sofrestes não bastavam para evitar-vos o assalto das vibrações venenosas, provindas de Anastácio, após a vossa desencarnação? Porventura já não havíeis resgatado, na Terra, a dívida para com ele? Cremos que, sob tal disposição, o vosso sofrimento moral deveria cessar exatamente na hora de vossa desencarnação; não é assim?

ATANAGILDO: — Repito-vos: a equanimidade da Lei do Carma é que marca o resgate do "último ceitil", de que falou Jesus. Este último ceitil, no meu caso, ainda figurava em débito nas derradeiras vibrações antagônicas ou confrangedoras que eu sofrera ao desencarnar. Só então a Lei se dera por satisfeita no reajustamento, porque essa lei eu mesmo é que a havia invocado contra mim. O meu passivo, nas relações com Anastácio, montava a determinada quantidade de humilhações ou perfídias, e a certo tempo de vulnerabilidade magnética receptiva aos seus pensamentos e atos contra o meu espírito. Quando eu desencarnei, graças ao serviço fraterno e humilde prestado a ele e outros, criei alguns fatores para me auxiliarem na condição de desencarnado; mas ainda existia um pequeno saldo credor a favor de Anastácio, que assim me colocava sob a sua dependência, em matéria de vingança. E, como já disse, a sua reação foi contundente; não sofri maiores consequências da sua toxidez vibratória, porque no fundo de sua alma ele já principiava a sentir remorsos de sua atitude tão insana para comigo. Assim, ser-vos-á fácil compreender que nós mesmos aumentamos ou diminuímos as nossas desditas porque, se eu houvesse escorraçado Anastácio, sob reações antifraternas, ainda neste momento, em que vos dito esta comunicação, estaria sofrendo as consequências do seu rancor para comigo. Mas este, dias depois, logo cessou e, proveitosamente, cheguei mais tarde a recepcionar seus pensamentos de arrependimento e desejo de perdão.

A Lei do Carma exige que pagueis "ceitil por ceitil", ou seja, o total de todas as perturbações que ocasionardes aos outros com a vossa natureza animal inferior, mas a bondade divina permite que diminuais a quantidade ou a intensidade do mal praticado, desde que trabalheis em favor dos miseráveis, ou então vos sacrifiqueis heroicamente para a melhoria do mesmo mundo em que tenhais contribuído para a perturbação. Tendes oportunidade de pagamento contínuo da dívida cármica e incessante crédito provindo dos serviços espontâneos de abnegação e amor desinteressados. Há mil recursos oferecidos pela vida humana, que permitem à alma laboriosa e decidida reparar os seus delitos no pretérito.

PERGUNTA: — Então, podeis vos considerar isento de dívidas para com esse irmão, sendo-vos permitido prosseguir doravante por outros caminhos distanciados dos da evolução dele; não é assim?

ATANAGILDO: — Realmente, essa é a concepção exata perante a Lei de Causa e Efeito, a que já me submeti na liquidação do meu débito para com Anastácio. Cumpriu-se aquilo de que nos avisou Jesus, ao prevenir: "o que desligares na Terra também será desligado no céu". Assim, estou desligado carmicamente, aqui, do espírito de que me servi de modo irregular, pois o mesmo já se cobrou, em parte, do seu crédito, fazendo-me suportar a inversão dos atos do passado. A Lei, pois, permite que eu continue daqui o meu caminho evolutivo, sem que Anastácio continue a me perturbar.

PERGUNTA: — Não entendemos bem a vossa explicação. Por que motivo dizeis que Anastácio cobrou-se "em parte", do seu crédito, e nos afirmais, ao mesmo tempo, que ele já se encontra compensado pela Lei?

ATANAGILDO: — Explico: — Em virtude de minha incessante atividade benfeitora no mundo, socorrendo a muitos necessitados, mesmo com sérios agravos para o meu orçamento econômico e para a minha saúde, o total de minha dívida obrigatória para com Anastácio reduziu-se em grande parte, pois foi um serviço espontâneo que prestei ao próximo e que a própria Lei Sideral registrou como crédito de minha compensação cármica. O acervo de abusos que pude cometer no passado, por intermédio da precária moral de Anastácio, ficou bastante reduzido na minha última existência, em face da cooperação prestada a outros espíritos em provas dolorosas no mundo material. Daí se infere que a Lei é rigorosa, mas é justa; que o Pai é fundamentalmente Amor e não simplesmente Justiça. Compreendereis, agora, por que motivo Anastácio cobrou-se "em parte" do seu crédito, pois o que lhe devia não foi pago integralmente; uma parte foi levada à conta dos auxílios que prestei aos necessitados que de mim se acercavam, e desse modo a minha dívida total ficou cancelada.

PERGUNTA: — O espírito de Anastácio ainda se encontra encarnado na Terra?

ATANAGILDO: — Há mais de três anos regressou ao Além, pois, em face do seu drama delituoso, terminou caindo sob o punhal de um sicário, pois, em virtude de seus homicídios do pretérito, a Lei Cármica também o colocou na dependência de possibilidades de morte violenta. É óbvio que, se ele se tivesse dedicado a fundo à sua renovação interior, exercendo o amoroso serviço ao próximo ou renunciando às suas deliberações vingativas, essa mesma Lei severa não só o afastaria para zonas de maior proteção do mundo físico, como também lhe favoreceria com novos ensejos de longa vida. A Terra, como divina escola de educação espiritual, não se revolta contra o aluno que tenta reparar o curso perdido, embora, para isso, tenha que repetir novamente as lições atrasadas.

É claro que Anastácio não se reencarnara para morrer de propósito nas mãos de impiedoso assassino, pois isso nos faria supor, sem dúvida, que alguém se transformaria fatalmente em homicida para que fosse cumprido o seu destino trágico. Na verdade, a Lei Cármica o situara num meio onde havia maiores probabilidades de ser vítima de violências, quer por se encontrar entre maior número de homicidas em potencial, quer por se achar ligado a dois adversários vingativos, que haviam sido suas vítimas no pretérito.

Não defrontamos com um destino implacável a confeccionar homicidas para que se tornem instrumentos cármicos punitivos das infrações do passado; a Lei apenas aproxima adversários que se unem dentro das suas próprias afinidades e tendências espirituais e, por esse motivo, terminam punindo-se entre si, ainda sob a mesma lei de que "os semelhantes curam os semelhantes".

PERGUNTA: — Depois da desencarnação de Anastácio, já o tendes encontrado no Além?

ATANAGILDO: — Já vos disse que a Lei Cármica me

desligara da contingência de me envolver nos futuros ciclos reencarnatórios de Anastácio, porque eu já resgatara a contento o total do meu débito para com ele. Mas isso não me priva de, espiritualmente, prosseguir em seu auxílio, pois o meu atual conhecimento espiritual só o identifica como o irmão ignorante e necessitado de urgente socorro.

Anastácio não significa para mim um adversário a exigir direitos compulsórios; doravante será o meu pupilo, a alma que me cumpre proteger com sincera dedicação, quer seja no Espaço, quer seja em reencarnações futuras. O grau de entendimento e o júbilo indestrutível, que a bondade do Criador já concedeu ao meu espírito, inspiram-me para que essa minha ventura seja empregada em aliviar as angústias de outros necessitados e, principalmente, em relação a Anastácio. Isso representa para mim um novo ensejo de trabalho criador, pois Anastácio é um objeto de importância a que me consagrei, por longo tempo, na senda de minha própria evolução, até consegui-lo transformar no amigo leal, afetuoso e bom.

Em verdade, esta minha norma de ação é um processo comum e extensivo a todos os espíritos bem-intencionados, pois aqueles que progridem tomados de novos ideais e propósitos superiores reconhecem que a sua libertação definitiva da carne será mais breve se também se decidirem a proteger os seus próprios algozes do passado. Não se trata de sentimentalismo de almas privilegiadas entre a humanidade sideral; são apenas condições naturais e comprovadas por aqueles que já vos antecederam na viagem para cá. Quantas vítimas de nossa incúria pretérita não se fatigam afanosamente, ainda neste momento, para nos auxiliar ao ingresso nos ambientes felizes de paz e amor. Na verdade, muda o diapasão de nossa ventura, quando nos tornarmos criadores de venturas alheias. É a exata comprovação do ensinamento divino de Jesus, quando aconselha que "se caminhe mais uma milha a favor do adversário" ou que, depois de "exigido o manto, também se dê a túnica".

Quando isso nos ocorre em sua divina espontaneidade, sem quaisquer laivos de vaidade ou interesse mesmo espiritual, é porque Deus então já flui por nosso intermédio; porque refletimos parte do seu Amor Incondicional.

3. A metrópole do Grande Coração

PERGUNTA: — Como se denomina a comunidade ou colônia espiritual em que vos encontrais atualmente, no Mundo Astral?

ATANAGILDO: — Em face do grande número de espíritos que habitam a região em que me encontro e da multiplicidade de labores e objetivos de educação espiritual, que também recordam certas atividades terrenas, a iluminada cidade do Mundo Astral, em que resido, bem merece ser conhecida, na pitoresca linguagem do Além, como sendo a metrópole do "Grande Coração". Quando nós a observamos à distância e recordamo-nos dos seus serviços amorosos às almas fatigadas e libertas da carne, ela significa realmente a figura de magnânimo coração; que se recorta no seio de infindável massa astral de um suave azul-esmeralda. É um dos mais encantadores "oásis", sediado na Esfera Astral e devotado ao socorro do viandante que atravessou o deserto da vida física, compondo-se de sublime comunidade de almas benfazejas, que operam na zona que envolve certa região do Brasil. Os seus misteres são sempre de paz e de progresso em relação àqueles que procuram fazer da vida um motivo de elevada educação espiritual.

PERGUNTA: — Trata-se de um agrupamento astral que faça lembrar alguma organização terrena, no gênero?

ATANAGILDO: — A metrópole em que me encontro faz lembrar algo semelhante a uma das mais belas cidades terráqueas, constituída de todas as suas edificações, ornamentos e recursos de vida em comum; porém, distingue-se de modo indescritível quanto ao seu padrão moral superior e às suas realizações exclusivamente destinadas à ventura da alma. Ali, tudo foi feito exclusivamente em favor do bem comum, sem preocupações de classes, hierarquias ou organizações de destaque. A metrópole do Grande Coração é um formoso laboratório de alquimia espiritual, no qual se formam os moldes dos futuros anjos do Senhor dos Mundos. É liderada por costumes brasileiros, mas a maior parte de sua direção e o maior número dos seus habitantes são almas que habitaram anteriormente, por longo tempo, a Grécia e a Índia, motivo pelo qual ainda conservam algumas características do espírito filosófico, artístico, devocional e um tanto irreverente dos conterrâneos buliçosos da pátria de Sócrates, Platão e Alcebíades.

PERGUNTA: — Quanto ao aspecto geral da metrópole do Grande Coração, podemos supô-la semelhante à topografia de uma cidade terrena?

ATANAGILDO: — Em tudo que se edifica em nossa comunidade, há um sentido estético muito mais aperfeiçoado do que o cultuado na Terra, mesmo quando se trata de realizações transitórias. A metrópole do Grande Coração abriga perto de três milhões de espíritos desencarnados, e todas as edificações às suas principais atividades situam-se nos extremos da comunidade, formando grupos encantadores. Se vos fosse possível ter uma visão panorâmica do conjunto metropolitano, então verificaríeis certa semelhança com alguma cidade terrena, pois ele se estende sobre imensurável planalto astralino, perfeitamente dividido por sete gigantescas avenidas, que partem do centro principal e penetram pelos subúrbios a dentro, cujas edificações, à distância, lembram encantadoras miniaturas de paisagens só entrevistas nos mais poéticos sonhos orientais.

O coração da metrópole é formado por gigantesco e magnífico logradouro, em forma de heptágono e que, baseando-

-me nas medidas terrenas, suponho atingir a alguns quilômetros quadrados. Trata-se de vastíssimo parque entremeado de bosque, cujos arvoredos, de pouca altura, facilitam que os raios solares iluminem todos os seus recantos e caminhos, compondo sedutoras clareiras recamadas de areia fina e de uma cor creme cintilante. A relva, de tons esmeraldinos, lembra maravilhoso tapete de grama fulgente; tudo está matizado de florinhas miúdas, semelhantes a rubis, ametistas, topázios, safiras e turmalinas, que parecem tecidos de luz liquefeita e que, emolduradas por compridos cordões vegetais, formam caprichosos desenhos e compõem longas frases de louvores ao Criador. Da galharia miúda e suavemente colorida por um tom de malva, luminoso, pendem ramos em verde-claro, cristalino, rendilhados de flores iguais às glicínias e espécies de campainhas vegetais que se movem facilmente sob o impulso leve da brisa, fazendo perpassar uma deliciosa fragrância que em mim sempre evocaram as orquídeas das matas brasileiras.

Todos os jardins, bosques, avenidas e clareiras foram edificados sob genial simetria, naturalmente prevista dentro de um plano geral, antecipado, que abrange toda a beleza geométrica e panorâmica da metrópole.

Esse logradouro, que forma o coração da verdejante cidade astral de minha moradia, apresenta o máximo de capacidade, beleza e harmonia jamais produzidos por qualquer sábio, engenheiro ou artista terreno. Pequeninos regatos, que formam cordões líquidos orlando ambos os lados das avenidas principais, depois coleiam entre as frondes perfumadas, lembrando a figura de preguiçosas serpentes prateadas, que então se despejam em sete lagos artificiais. Cinco destes lagos são rodeados por delicados e espaçosos pavilhões multicores, feitos de um elemento vítreo desconhecido para vós, e que ao longe refulgem como se houvessem sido talhados diretamente em blocos de pedras preciosas. São cobertos por vistosas cúpulas translúcidas, em tons dourados, lilases, esmeraldinos e de um verde claríssimo; circundam os lagos, lembrando cuidadosa moldura refulgente no seu colorido pitoresco. Aí, nesses atraentes pavilhões, é que se distribuem os salões de concertos, teatros educativos sobre os históricos das reencarnações, exposição de flores, casas de música, que nos períodos de comemorações especiais executam desde os temas folclóricos dos ascendentes espirituais da metrópole, até as majestosas sinfonias que fluem do Alto nas asas da inspiração angélica.

PERGUNTA: — Dissestes que cinco desses lagos são rodeados de pavilhões multicores; por que não sucede o mesmo com os outros dois lagos artificiais restantes?

ATANAGILDO: — No centro exato desse grande logradouro, que vos poderia lembrar vagamente uma gigantesca praça terrena, e que constitui o coração da nossa metrópole, encontra-se edificado magnífico templo destinado às orações coletivas, cuja entrada principal está voltada para o Oriente. Os dois lagos a que vos referi ficam em direção Suleste e Noroeste da porta principal do templo; não estão circundados pelos pavilhões de natureza refulgente, mas cada um possui no centro das próprias águas um espaçoso estrado de substância leitosa, decorado numa tonalidade esvanecente de rosa e lilás, absorventes de luz. Nesses majestosos palcos é que então se executam os mais fascinantes bailados sidéreos, em que a graça e a emotividade espiritual atingem níveis tão elevados, que todo o ambiente se sensibiliza e adquire um contato mais direto com as altas esferas. A "Festa do Céu", como é muito conhecida na tradição da metrópole, representa um espetáculo de beleza inenarrável. Em verdade, são as hostes angélicas dos planos superiores que se encarregam de transformar o ambiente feliz e a superfície das águas na mais indescritível e prodigiosa orgia de cores, perfumes, luzes e melodias.

PERGUNTA: — Extasiamo-nos ante os quadros que tentais projetar em nossas mentes presas à matéria terrena, mas somos de parecer que muitos hão de considerar as vossas descrições como, apenas, um louvável esforço literário.

ATANAGILDO: — Não desconheço o fundamento de vossas desconfianças, porquanto bem sei que estes relatos pelo exagero das descrições, como que copiam o esforço imaginativo dos vates românticos... Sem dúvida, para alguns, o que descrevo será levado à conta de ingenuidade ou de espécie de conto das "mil e uma noites" para adultos; para outros, tudo não passará de simples sofismas bem-intencionados, mas improdutivos, porquanto crêem que os espíritos desencarnados vivem exclusivamente imersos num sonho abstrato.

A verdade é que o mais vasto repertório de palavras humanas ainda é insuficiente para vos transmitir a realidade daquilo que me absorve o espírito, diante da maravilhosa visão da metrópole do Grande Coração, onde comprovo que as mais ternas histórias de fadas não passam de relatos de imaginação paupérrima e destituídas de importância sensata. Quando tento delinear-vos a natureza exata da esfera em que vivo, vem-me a ideia de que estou depositando um punhado de escamas de peixe nas mãos de um cego de nascença e, em seguida, lhe exijo que, baseando-se apenas nesse punhado de resíduos, configure a forma de uma rosa fascinante, desde a ternura aveludada de suas pétalas, à fragrância do seu perfume e à sedução de sua cor.

Resta-me a esperança, entretanto, de que chegará a oportunidade em que os descrentes também aportarão a estas plagas astrais, comprovando pessoalmente a realidade que fulge muito além da capacidade imaginativa de um cérebro humano e impossível de ser configurada através da mediunidade precária de um homem.

PERGUNTA: — Supondo que nós pudéssemos contemplar a metrópole do Grande Coração, usando de uma aeronave terrestre, qual seria, por hipótese, o panorama que então vislumbraríamos do alto?

ATANAGILDO: — Quando eu me sirvo da volitação para ingressar na atmosfera terrestre ou, então, para me afastar em visita a outras comunidades astrais, a metrópole surge à minha visão à semelhança de precioso trabalho de ourivesaria, talhado diretamente num bloco diamantífero, pois as edificações lembram delicados enfeites de cristal e porcelana, inundados de um azul-celeste de suave luminosidade. Então eu me deixo levar pela imaginação, configurando a metrópole igual a um estojo diáfano, luminescente, como essas caixas de "celofane" que muito usam as floriculturas da Terra quando lhes vemos as flores na transparência do papel acetinado.

Apesar de os contornos geométricos serem em forma de um heptágono, tudo faz lembrar na metrópole um amoroso coração de luz evanescente e suspenso na massa astralina. Trata-se de maravilhoso espetáculo impossível de vos descrever com os recursos limitados da linguagem humana; é um cenário de fadas pendente do Espaço e atado por sete fitas de luzes coloridas, que jorram das sete torres do templo e depois se enlaçam, no Alto, em torno de um facho de luz amarelo-dourado, que se abre no céu à altura do templo religioso. O conjunto completo da cidade astral do Grande Coração, além da aura que vai do azul claríssimo até o suave lilás tem um halo luminoso que recrudesce de luz e então aviva alguns tons sobre outros, conforme a maior ou menor intensidade das correntes magnéticas, que se intercambiam em surpreendente vivacidade e descem das zonas superiores daquela região.

PERGUNTA: — A denominação de metrópole do Grande Coração foi-lhe dada por causa da semelhança com um coração, quando vista à distância?

ATANAGILDO: — A denominação proveio da ideia de se fundar uma colônia de socorro espiritual no seio do Astral selvático, em sentido perpendicular ao Brasil, e que significasse um coração sediado nas trevas do sofrimento espiritual. No entanto, a sua configuração geográfica, se assim posso me exprimir, fundamenta-se na forma de um heptágono, como disse atrás, ou seja um polígono de sete lados, cuja forma geométrica rege a harmonia e a edificação de toda a metrópole. O próprio templo, que é a aferição central da comunidade, foi edificado com a exigência de sete torres, que também se afinam às medidas heptagonais da cidade.

Da antiga denominação de "Pequeno Coração", que ficou popularizada entre os primeiros povoadores, passou a se tornar conhecida como a metrópole do "Grande Coração", assim que o agrupamento foi crescendo e se tornando uma coletividade de maiores responsabilidades espiritualistas. Mais tarde, graças à capacidade e ao espírito sacrificial dos seus moradores, mereceu a inspeção de elevados espíritos sediados nos planos superiores, os quais não só louvaram os trabalhos da comunidade, como ainda ligaram-na diretamente ao departamento angélico responsável pela evolução espiritual do Brasil, que se filia, consequentemente, à hierarquia diretora da América do Sul. Depois disso é que foi traçado o plano do templo augusto com as sete torres, em substituição à velha "Casa de Orações", que só podia operar enviando vibrações cordiais ao Astral inferior. Sob a inspiração direta desses elevados arquitetos do Alto, que conhecemos como "os senhores do pensamento disciplinado", os edificadores mentais de nossa metrópole submeteram a substância destinada ao templo a processos que não estou autorizado a revelar-vos, demorando-se principalmente na construção da torre principal, que se volta para o Oriente, onde se encontra o elemento divino, que representa o "canal" de união do nosso plano com a fonte dadivosa das comunidades angélicas da sétima esfera.

É por isso que à noite, quando vejo a metrópole à distância, ela me parece prodigioso mundo de fadas suspenso na região superior, como se o céu se abrisse deixando escoar encantadora pirâmide de luz, cujo ápice cintila como trêmulo fio de luz colorida, pendente das mãos de dadivoso anjo. Então, melhor se pode verificar o efeito divino do magnetismo angélico que flui do Alto, pois cada uma das torres cintila em matizes diferentes, que depois convergem para a cúpula do santuário e se polarizam num branco imaculado, que revitaliza e sublima o energismo das criaturas que se encontram presentes no interior do templo.

PERGUNTA: — Quais são as qualidades exigidas para que os espíritos possam habitar colônias ou metrópoles semelhantes ao Grande Coração?

ATANAGILDO: — O tipo espiritual eletivo para agrupamentos semelhantes ao da metrópole do Grande Coração deve, em primeiro lugar, ter desenvolvido regularmente em si a característica "universalista", em todos os sentidos e relações da vida humana. É preciso, portanto, que haja ultrapassado o sentimento sectário em matéria de doutrinas ou de religiões demarcadas por fronteiras dogmáticas e isolacionistas; deve sentir na sua intimidade espiritual a essência que palpita no seio de todas as coisas e irmana o ideal de todos os seres, em lugar dos acessórios enganadores do mundo provisório da carne. O verdadeiro alicerce da ventura dos moradores de nossa metrópole está no entendimento e na serenidade espiritual, que só se podem obter a distância das preocupações com castas sociais, dos partidarismos religiosos ou preferências nacionalistas, que sempre perturbam o júbilo coletivo.

Sem dúvida, a nossa metrópole não comporta o tipo de criaturas que se crêem de posse exclusiva da verdade, enquanto que os seus irmãos devem sempre se encontrar completamente equivocados nos seus postulados doutrinários. O que importa aqui é a realidade de um sentimento puro e afetuoso, unido à sincera alegria para com a felicidade do próximo, seja ele esquimó, zulu, francês ou hindu. Interessam-nos, fundamentalmente, o júbilo alheio e a manutenção de um gozo espiritual íntimo entre todos, muito antes de qualquer interesse pessoal. Essa harmonia e integração em nossa "consciência espiritual", sem barreiras emotivas e choques mentais, como ocorre permanentemente na comunidade do Grande Coração, é que nos transforma em uma só alma a representar todos os seus moradores no mesmo diapasão de ventura espiritual.

PERGUNTA: — Quando ainda vos encontráveis reencarnado, já gozáveis algo de vosso bem-estar espiritual?

ATANAGILDO: — Só após a minha desencarnação é que pude realmente comprovar os motivos exatos da felicidade da alma, que se opera lentamente, através das jornadas dolorosas pelos caminhos tortuosos da vida material. Não tenhais dúvidas; essa felicidade só se consegue pela libertação completa das formas e das paixões dos mundos transitórios. É pena que a maioria das criaturas humanas ainda não tenha conseguido, sequer, libertar-se das seitas ou dos ferozes nacionalismos pátrios.

Em minha última existência, no Brasil, sempre fui avesso aos conflitos emotivos e às discussões estéreis, que surgem por causa das diferentes crenças ou doutrinas políticas, religiosas ou mesmo filosóficas. Não me preocupava em impor os meus conhecimentos simpáticos a quem quer que fosse, considerando-os "melhores" ou "mais verdadeiros". Cuidava de servir sem interesse ou indagações susceptíveis de desconfianças; tratava de aumentar a área do meu sentimento e afinar a minha consciência para maior receptividade aos pensamentos alheios. Algumas vezes cheguei a penetrar num estado de ventura indescritível, tomado por maravilhosa sensação de Paz e de Beleza Espiritual, que alguns denominam de êxtase e os hindus costumam chamar de "samadhi", estado em que a consciência individual une-se beatificamente à Consciência Cósmica do Pai.

PERGUNTA: — As condições de vida, nas colônias ou cidades do Além, podem ser consideradas como estados celestiais, tão desejados pelos seres humanos?

ATANAGILDO: — A mim se me afigura que existem vários céus, pois os lugares que já pude visitar, após a desencarnação, variam uns dos outros, tanto em beleza panorâmica, intensidade de luz e expressão musical, como também pela grande diferença de seus sistemas de vida. Entretanto, ainda não encontrei o tradicional paraíso bíblico, onde criaturas ociosas viveriam em eterna contemplatividade, como ensinam certas religiões oficiais da Terra. Nas altas esferas, vislumbrei sempre o trabalho incessante dos espíritos de alta hierarquia, que se movem afanosamente, com a divina intenção de melhorar as condições espirituais dos desencarnados e reencarnados. Observei-lhes um gozo santificado em tudo o que fazem por nós e notei que a sua maior ventura espiritual provém de usarem o poder criador do espírito para insuflarem energias aos planos inferiores sob a inspiração interior de Deus.

Não encontrei por aqui aquele tradicional céu das velhas oleogravuras hebraicas, em que os santos e os anjos entoavam cantochões e hosanas a Deus, glorificando-o através da música de mal-acabados instrumentos anacrônicos daquele tempo, cujos acordes desafinados perderiam para o mais singelo saxofone moderno. Esses céus que circundam os globos físicos, quanto mais se distanciam da crosta dos mundos planetários e parecem se estender interiormente em todos os sentidos, tanto mais se revelam repletos de alegria, paz e amor. Jesus realmente tinha razão quando conceituou que o céu é dos humildes e mansos de coração, pois, à medida que o espírito se eleva em sabedoria cósmica e bondade angélica, vai se tornando mais jovial, espontâneo e liberto de quaisquer formalismos; tão comunicativo e alegre como as próprias crianças, com as quais o Mestre comparou aqueles que querem gozar do reino dos céus.

PERGUNTA: — Essas colônias e metrópoles que descreveis substituem, então, a velha ideia que fazíamos do céu, a nós inculcado pelas religiões ortodoxas?

ATANAGILDO: — Até o presente momento, as religiões dogmáticas terrenas não têm passado de improfícuas fábricas de "crianças mentais", que partem da crosta terrena completamente aterrorizadas pela ideia de um inferno dantesco ou, então, suspirando por um céu onde presumem viver em eterna preguiça mental. O reino divino e o céu que tanto desejamos, nós o encontramos dentro de nossos próprios espíritos, embora as religiões formalísticas ainda insistam em perturbar os raciocínios humanos, inculcando-vos falsas concepções de Deus e da vida espiritual no Além.

Depois que entregamos o corpo carnal ao prosaico guarda-roupa do cemitério, espantamo-nos ao constatar as incessantes atividades criadoras que existem em todos os departamentos do Cosmo, sob a égide direta dos mais avançados prepostos hierárquicos de Deus, com o fim de espalhar o bem e a felicidade para o espírito humano.

Confrangem-nos demasiadamente a vaidade e o ridículo do homem ao ousar, sacerdotalmente, estabelecer dogmas e impor decisões infalíveis, pretendendo asfixiar a realidade cósmica nas acanhadas prisões dos raciocínios levianos. Não podeis avaliar os enormes prejuízos que esses dogmas sectaristas ainda causam à mente dos religiosos infantilizados e que, após a desencarnação, aqui aportam desorientados quanto à realidade da vida do espírito. Pintam-se-lhes na mente as mais tremendas decepções quando deparam com os cenários de trabalho e de responsabilidade comum dos espíritos, em lugar do paraíso das rabecas guinchantes e das ladainhas quilométricas. Muitos se afobam, pensando que já se encontram no limiar do terrível inferno, que lhes havia ensinado na Terra a voz sentenciosa e convencida dos seus sacerdotes ainda condicionados às lendas do velho paganismo. A imprudente concepção de que o panorama celestial é absolutamente diverso de qualquer coisa que lembre a vida humana, ou de que se trata de um lugar de exclusiva beatitude e ociosidade espiritual, cria indescritíveis desilusões às almas recém-desencarnadas. Elas se espantam ante as figuras despretensiosas dos verdadeiros "santos", que se movem em socorro dos espíritos infelizes atolados nos pântanos do Astral inferior; desiludem-se ante a comprovação de que no Além ainda se repete o serviço costumeiro da Terra, duvidando de que os desencarnados ainda devam lutar pela sua incessante renovação espiritual. Sob a demonstração irrefutável da realidade, no Além-túmulo, extinguem-se, então, todos os falsos raciocínios trazidos do seio dos templos luxuosos da Terra, através da palavra eloquente dos instrutores religiosos, que se conservam tão ignorantes do destino da alma quanto os seus próprios fiéis.

PERGUNTA: — Diante de vossas considerações, alguém há de pensar que estais censurando os postulados religiosos do Catolicismo e do Protestantismo, embora tenhais afirmado que devemos acatar toda experiência religiosa alheia; não é verdade?

ATANAGILDO: — Evidentemente, o amor é que deve predominar acima de qualquer discussão religiosa ou crítica alheia, nas quais devemos sacrificar os nossos caprichos e vaidades, em lugar de nos considerarmos os supremos detentores da "exclusiva verdade" de nossa crença e, assim, não ferir o próximo e não despertar-lhe a mágoa no coração. No entanto, o esclarecimento sensato e libertador, para que a alma alcance mais cedo a sua própria ventura espiritual, de modo algum deve ser considerado como censura religiosa. Ademais, "do lado de cá", não estamos censurando a quem quer que seja, mas tão-somente mostrando a realidade do que se passou aqui e alentando a humanidade terrena sobre a má interpretação do que seja a vida depois da "morte". Sem dúvida, Krishna, Sócrates, Buda, Jesus e mesmo Alan Kardec, foram verdadeiros revolucionários religiosos para poderem acelerar o progresso espiritual dos homens, sem que por isso devam ser considerados intolerantes ou sectaristas. Eles não pregaram seitas nem feriram postulados religiosos, mas apenas esclareceram princípios superiores que haviam sido deturpados pelos homens. As seitas e os divisionismos são consequências diretas da ignorância humana, ainda presa à ideia doentia de que há separação na essência espiritual do Criador.

A Igreja Romana e o Protestantismo em geral, tornar-se-iam movimentos de alta educação espiritual, nos quais poderíeis confiar incondicionalmente, bastando, para isso, que não repudiassem a Lei da Reencarnação, o processo justiceiro da Lei do Carma e a revelação progressiva dos desencarnados, em lugar de advogarem a infalibilidade da gênese bíblica, a ideia do paraíso como sucursal de religiões oficiais, o Inferno e o Diabo eternos, que tanto desmentem a finalidade inteligente da Criação Divina. Mediante esse novo acervo espiritual, que lhes garantiria a lógica doutrinária e desafiaria o sarcasmo do mundo, os postulados católico-romanos ou os protestantes nunca mais seriam perturbados ou ironizados, tornando-se invulneráveis às críticas e às censuras materialistas, como hoje acontece. Assim, esses credos poderiam satisfazer completamente aos fiéis do século atômico, expondo-lhes a realidade exata e inteligente do Além, em lugar das historietas tão precárias e atualmente rejeitadas até pelos meninos do ginásio.

É tempo de o homem terreno despertar para a realidade espiritual, a fim de assumir a responsabilidade do seu próprio destino, compreendendo que outros homens, mesmo quando representam riquíssimas hierarquias religiosas no mundo, não lhe poderão proporcionar a ventura que somente há de encontrar em sua própria intimidade.

Importa, pois, extinguir para sempre esse arremedo e caricatura da verdadeira vida que vivemos no Além, e que a teimosia sacerdotal ainda inflige às consciências imaturas dos homens terrenos, levando-os a crerem num panorama infantilizado e ridícula paródia ao bom senso do Criador. O Mundo Astral é célula de trabalho digno, onde as almas operosas e sensatas laboram na organização da sua própria ventura eterna, mas sem os privilégios religiosos que tanto desfiguram a Justiça e a Sabedoria Divinas. Sem a esperança de renovação espiritual e a certeza de que Deus concede novos ciclos reencarnatórios para a alma se lavar da nódoa do pecado, nem valeria a pena tentardes uma virtude tardia, carimbada por credos religiosos, mormente não tendo certeza se ela vos salvará após à morte física.

Na situação de desencarnados, que podem apreciar pessoalmente os efeitos daninhos dessas concepções infantis, achamos que seria culposa complacência silenciarmos a tal respeito. O conceito atual da vida humana, esposado pelo cidadão eletrônico do século XX, tornar-se-á num grande absurdo se ele se deixar impressionar pela crença nos argumentos infantis do "pecado original", ainda emoldurada pela figura esquizofrênica de Satanás, já bastante assoberbado com os seus caldeirões de água fervente.

A inteligência terrena já devia compreender com clareza que é mais lógico e sensato pensar na evolução do espírito, por meio de suas próprias experiências e atividades espirituais, que fazem parte de um plano criado por Deus, do que crer em absurdos e ridículos privilégios prometidos na Terra por uma corte de homens isolados da vida comum.

Os abismos e os charcos infernais que tenho visitado, nada mais são do que caldos de cultura astral, onde as almas enegrecidas purgam e decantam as suas impurezas absorvidas na invigilância da vida terrena. Ali, elas exercem a profilaxia de si mesmas para mais tarde envergarem a "túnica nupcial" da tradição evangélica, a fim de também participarem do eterno banquete presidido pelo Senhor dos Mundos.

4. Noções preliminares sobre o Além

PERGUNTA: — Há agradável surpresa para os desencarnados ao depararem com o panorama do Mundo Astral?

ATANAGILDO: — Usando de termos comuns para o vosso entendimento, posso dizer-vos que até as coisas mais insignificantes do Mundo Astral são motivos da mais agradável surpresa para os desencarnados que logram a ventura de ingressar no seio confortador das colônias espirituais. Entretanto, em virtude do grande prazer com que a maioria das criaturas se entrega à adoração das formas do mundo material, além do habitual descaso para com a verdadeira vida interior do espírito, mesmo as mais virtuosas ainda se demoram em adaptar-se definitivamente ao cenário do Plano Astral. A existência física, embora seja de curta duração, é suficiente para fazer a alma olvidar a realidade de sua divina moradia espiritual.

PERGUNTA: — Todos os desencarnados são tomados de surpresa, no seu retorno ao Além?

ATANAGILDO: — Nem todos, porque essas surpresas variam entre si; para aqueles que merecerem as esferas venturosas, porque levaram uma existência digna e de abnegação ao próximo, elas se manifestam pelo aspecto das paisagens maravilhosas do Astral superior. Há desencarnados, entretanto, que não revelam surpresa mesmo diante dos cenários mais belos do Além, porque se trata de entidades evoluidíssimas, que já cultuavam em seus espíritos os valores próprios dos panoramas celestiais, mesmo quando ainda se achavam na Terra. Entretanto, quanto aos delinquentes do vosso mundo, de modo algum podeis imaginar quão terríveis e apavorantes são as cenas que os aguardam no Astral inferior, onde os horripilantes quadros dantescos ultrapassam a tudo quanto possais imaginar de pavoroso no mundo terráqueo.

PERGUNTA: — Essas diferenças da vida, verificadas pelos recém-desencarnados, distanciam-se completamente das nossas concepções na vida terrena?

ATANAGILDO: — As diferenças são bem notáveis quando avaliamos o Mundo Astral exclusivamente pelo seu panorama exterior, algo semelhante ao cenário terreno, ou então sob o nosso julgamento espiritual exclusivo. É preciso que não vos esqueçais de que estou dando a minha opinião, que pode não ser a mais exata e que se baseia na minha visão espiritual, através daquilo que me é simpático e que suponho ser o mais certo. Sem dúvida, haverá grande diferença nas descrições que vários indivíduos, de diversas profissões, fizerem de uma mesma cidade terrena, as quais hão de variar conforme os diferentes padrões intelectuais e psicológicos dos seus relatores.

Eis o motivo por que variam os relatos mediúnicos transmitidos do "lado de cá", que enriquecem a vasta bibliografia espiritualista do mundo material; enquanto alguns desencarnados se preocupam exclusivamente com o sentido "interior" e de poesia espiritual mais contemplativa, de nossa vida no Além, outros preferem se dedicar particularmente aos aspectos das atividades mais "exteriores", como seja a multiplicidade de serviços nos departamentos educativos e de renovação do espírito. Sob o meu modesto pensar, a Terra é um apagado prolongamento de nossas esferas astrais, para onde converge a vida como pobre imitação da realidade espiritual que usufruímos à distância do corpo carnal. Aqui, nota-se certa semelhança entre as nossas atividades sociais, artísticas, arquitetônicas ou psicológicas e as terrenas, mas não deveis considerar o que aqui se passa como sendo "cópias" melhoradas da vossa vida material. Esse é um dos motivos por que, de princípio, muitos desencarnados custam a se convencer de que já abandonaram o corpo físico, visto continuarem a manter seus costumes e tarefas num panorama algo semelhante ao que deixaram ao desencarnar.

PERGUNTA: — Embora existam essas semelhanças com a Terra, como poderemos ter uma ideia da superioridade do Mundo Astral sobre o nosso mundo físico?

ATANAGILDO: — Em confronto com a matéria que constitui o panorama do mundo terreno, a substância astral que compõe a vida em nossa esfera oferece sempre particularidades avançadas e bastante diferentes, quer quanto à sua aplicação e tratamento, quer quanto à sua mobilidade para conservação das coisas. No Mundo Astral, são os pensamentos dos seus habitantes o que mais fortemente atua nas suas criações; quanto mais elevadas forem essas regiões, no Além, tanto mais as forças mentais poderão operar com maior êxito e independência. À medida que se desce para o Astral inferior, enfraquece-se a livre aplicação dessa energia produzida pela mente do espírito e, então, é preciso lançar mão de recursos e operações que muito se assemelham aos utilizados na Terra.

PERGUNTA: — Existe, em vosso plano, alguma espécie de atmosfera, que limite a visão das coisas ou se trata de um panorama uniformemente sem limites?

ATANAGILDO: — Observo que as coisas existentes neste plano, quando vistas a longa distância, não ficam escurecidas ou ensombradas, tal como ocorre na Terra; pelo menos para mim, elas não se desfazem à visão longínqua nem se obscurecem. Outrossim, as flores não murcham, mesmo quando são cortadas pelas suas hastes, e os frutos não se tornam apodrecidos — como acontece na Terra —, pois as árvores se perpetuam e só deixam de existir quando vigorosas inteligências superiores intervêm com a força do seu poder mental e então as modificam ou dissolvem, por conveniência do meio ou para finalidade educativa. Quando assim acontece, as espécies destruídas não ficam lançadas em monturos, nem tampouco atravancando os caminhos, à semelhança do que sucede no mundo terráqueo, mas se desfazem na atmosfera astral, que age através do seu extraordinário magnetismo. À nossa visão astral, essa atmosfera se apresenta numa tonalidade de dourado-claro, sobre fundo esbranquiçado; às vezes, deixa-se envolver por suaves matizes de cores desconhecidas dos seres terrenos. Quando ela banha as coisas e os seres, produz então um belíssimo efeito de iluminação.

Embora reconheça a dificuldade de me compreenderdes, quero esclarecer que a vida, aqui, é singularmente mais tangível ou real do que na matéria terrestre, graças à indescritível qualidade da substância astral, que a torna plástica, móvel e sutilíssima. O fenômeno, porém, não decorre propriamente dessa matéria, mas principalmente da nossa influência espiritual e sensibilidade aguçada, que faz o ambiente reagir ao menor cintilar do nosso pensamento.

Com o tempo, nós vamos nos acostumando a dirigir nossa mente e a disciplinar nossa emotividade excessiva, pois o meio que nos cerca bem se assemelha a uma tela cinematográfica, que reflete toda a nossa atividade interior. O nosso sistema nervoso apresenta-se com tal acuidade que, às vezes, julgamo-nos portadores de um novo aparelhamento maravilhoso, cujo poder miraculoso nos tenha relacionado intimamente com as mais belas coisas criadas por Deus. Espantamo-nos muitíssimas vezes, nos primeiros dias, quando verificamos o assombroso poder da nossa vontade operando sobre a matéria astral e produzindo indescritíveis fenômenos, que plasmam à nossa visão exterior aquilo que supúnhamos irreal.

5. Noções gerais sobre o panorama astral

PERGUNTA: — Qual seria o panorama que vislumbraríamos, se pudéssemos penetrar no Plano Astral em que viveis atualmente?

ATANAGILDO: — Sem dúvida, chegará o instante em que devereis vislumbrar a realidade do Mundo Astral, cumprindo-se a lei que dá "a cada um conforme as suas obras" e que, no Além, vos conduzirá exatamente ao ambiente mais afim ao vosso estado espiritual. E, como a morte do corpo físico não significa violento salto sobre vasto abismo, lançando o espírito em região completamente desconhecida e exótica, segundo o modo comum de pensar e sentir, descortinareis um panorama que vos recordará a própria Terra, embora um pouco mais aperfeiçoada. A libertação da matéria dá-nos maior acuidade para o entendimento espiritual, sem que por isso se deva violentar a visão costumeira caldeada nas formas materiais.

Aqui chegando, observareis de princípio a predominante luminosidade que existe nas coisas do Mundo Astral, assim como sereis surpreendidos pelo acentuado desembaraço dos vossos próprios movimentos e pela agradável sensação de leveza interior. Quando permanecemos na Terra, guardamos impressão de que a matéria não nos pertence, pois o nosso pensamento encontra sérias dificuldades para atuar com êxito na substância tão "pesada". Entretanto, aqui no Astral, tudo aquilo que nos cerca é como um prolongamento vivo e plástico de nós mesmos, que vibra e se sintoniza vigorosamente com a natureza dos nossos pensamentos, influindo extraordinariamente na organização do nosso próprio perispírito. É evidente que vamos tomando posse gradativamente de tais sequências, mas auxiliados nesse sentido, porque aqui existem departamentos e recursos que nos exercitam para o domínio razoável do meio em que passamos a atuar.

PERGUNTA: — Poderíeis nos dar um exemplo vivo dessa sensação ao se penetrar nesse Plano Astral?

ATANAGILDO: — Aqui, o nosso ambiente parece se ofuscar ou se iluminar, conforme o estado emotivo do nosso espírito, e este se rejubila com a harmonia vibratória que possa manter habitualmente. O pensamento é assombroso potencial a intervir em todos os nossos mínimos gestos; a sua intervenção no ambiente assemelha-se às lentes dos vossos óculos, que ora se ofuscam com o vapor d'água, ora oferecem visão clara, porque as limpais imediatamente. O fato seguinte explica melhor o meu pensamento:

— Certa vez eu palestrava com o irmão Navarana, fazendo alusão a certos espíritos que se entregavam demasiadamente às paixões desordenadas, na Terra, quando, de súbito, certa melancolia me invadiu a alma, apesar de meus esforços para dominá-la. Para mim, todo o ambiente que me rodeava perdeu imediatamente a sua beleza costumeira e se envolveu num manto de tristeza. Imediatamente desapareceram-me o peculiar estado de leveza e a sensação da brisa suave, que me dominavam até aquele momento, para sentir-me atingido por um jato de fluidos constrangedores e incômodos, guardando a impressão de que eu havia sido atingido por água gelada e a roupa se tornara colada ao meu corpo. Logo descobri a causa daquele insólito; é que eu havia recordado a figura da Cidália, minha noiva, que ficava na Crosta, entre pesares e soluços, e deixara-me tomar, por isso, de certa tristeza.

Irmão Navarana, captando o meu pensamento aflitivo, advertiu-me a tempo, dizendo-me em tom afetivo: "Atanagildo, evita baixar as tuas vibrações com evocações terrenas de saudosismo indesejável e portador de tristezas que abatem o espírito. É razoável que o homem terreno se perturbe emotivamente, porquanto ainda lhe é difícil compreender que todas as criaturas são emissoras vivas, que emitem raios conforme a onda espiritual em que se situam por efeito de suas angústias ou de seus sonhos. Quando nos sintonizamos aos ideais mais altos e criadores, associamos energias que nos fortificam sob um sadio otimismo; mas, assim que vacilamos, com a evocação triste na Terra, também somos torturados pela carga energética de sua baixa vibração, que passa a nos incomodar sob igual reação aflitiva. Em face da comprovação da imortalidade, em ti mesmo, e de já compreenderes que a Lei do Carma sempre beneficia o futuro, não é razoável que ainda te deixes dominar pelas vibrações das tuas próprias evocações aflitivas. À medida que nos encaminhamos para as regiões mais altas e ingressamos num campo de matéria mais sutil, percebemos que o nosso espírito também influi com mais vigor no meio e na substância astral que o cerca. As nossas ações também produzem reações mais vivas, porque pensamos, sentimos e modificamos rapidamente o ambiente que nos rodeia. Depois da desencarnação, é que percebemos, bastante surpresos, o maravilhoso mecanismo do espírito, que então passa a criar a forma e pode também modificar, pelo pensamento, a própria natureza em que habita!"

Em face dos argumentos apresentados pelo irmão Navarana, tratei de recompor-me e limpar as lentes dos meus óculos... verificando, com espanto, que o ambiente, para mim, retornara à sua primitiva expressão encantadora e o meu perispírito novamente vibrava num enlevo de magnetismo sedativo.

Creio que assim podereis avaliar a importância dos nossos pensamentos, em relação ao meio astral em que vivemos, porque somos a própria instrumentação viva a produzir as modificações que nos inebriam a alma ou então nos abatem o ânimo.

PERGUNTA: — O mundo que vos cerca é análogo ao cenário material terreno, conforme no-lo relatam algumas literaturas mediúnicas, que se referem a colônias, cidades, casas, veículos, árvores, rios etc.? Não será isso apenas um esforço de comparação ou produto da imaginação dos médiuns que recepcionam tais comunicações?

ATANAGILDO: — Se assim pensardes, tereis de supor que o médium de que me sirvo agora pode estar compondo, também, um pitoresco relato partido de sua própria imaginação. E, se continuardes a pensar desse modo, grande será a vossa desilusão quando aqui chegardes, pois é de senso comum que "a natureza não dá saltos". Malgrado as vossas dúvidas e as dificuldades que encontramos para vos descrever, com a mais aproximada exatidão, o panorama astral do Além-túmulo, asseguro-vos que aqui existem montanhas, rios, árvores, pássaros, animais, jardins, casas, edifícios, templos, veículos e ornamentações, tudo bem ajustado às sequências e às várias formas que fundamentam a vida astral dos povos e aglomerados de espíritos desencarnados.

PERGUNTA: — Pelo que nos dizeis, parece que essas cidades ou colônias astrais copiam o panorama terrestre. Não seria decepcionante que, depois de abandonarmos o corpo físico, contando com uma espécie de paraíso celestial, tivéssemos de penetrar um cenário que pode até ser mais pobre do que o de certas metrópoles da Terra?

ATANAGILDO: — Outro equívoco se faz evidente no vosso modo de pensar, pois são os reencarnados que, de modo bastante grosseiro, plagiam aquilo que existe no Espaço. Aqui no Mundo Astral lidamos intimamente com as coisas, ideias ou projetos que podeis considerar como sendo as matrizes ou origens das acanhadas realizações que efetuais na matéria densa e pesada. Não é verdade que os vossos cientistas costumam afirmar que a matéria é energia condensada, e que não existe propriamente a matéria rígida ou absoluta, na forma de uma pasta nuclear indevassável? Então, está claro que, quanto mais livre se encontrar essa energia tão poderosa — que se acumula para constituir o mundo físico e que, em verdade, é a substância da origem das formas materiais — tanto mais há de ser mais viva e poderosa, quando manuseada diretamente no Mundo Astral, que é a sua fonte natural.

Isto posto, não penseis que o nosso Mundo Astral plagia

a estrutura do vosso orbe físico; este é para nós bastante imóvel e petrificado em sua vida lenta e rudimentar. Nós operamos na "origem", ou diretamente na "ideia", enquanto a vossa humanidade opera na Crosta, no exterior da casca, o que representa, justamente, a energia em sua última fase de degradação.

PERGUNTA: — O que nos deixa algo confusos nas comunicações dos espíritos, é a necessidade de compreender "ao pé da letra" a existência de montes, rios, casas, árvores, animais e veículos, formando o panorama do Além, mas se concretizando em matéria sutil ou substância de outra espécie. Surpreendem-nos essas configurações tão terrenas, cujos relatos nos parecem insuficientes para satisfazer a nossa exigência mental, muito mais simples! Que nos dizeis sobre essa nossa dificuldade de compreensão?

ATANAGILDO: — É muito natural que assim ocorra na vossa mente, pois não levais em conta, ao raciocinardes, a diferença de plano vibratório entre os dois mundos. Ao assim procederdes, imitais um peixe qualquer que, por se basear exclusivamente no seu modo de vida aquático, de onde extrai o oxigênio, resolvesse descrer da possibilidade de que alguém pudesse viver fora d'água... Então laborariam em equívoco tanto os peixes que descressem da existência de uma vida fora d'água, que não é regida pelas mesmas leis do meio líquido em que vivem, quanto os pássaros que imaginassem a vida no oceano, baseados tão-somente nas leis habituais do ar livre! No entanto, desde que se mudem as guelras dos peixes e lhes coloquem penas e asas, ei-los logicamente a voar na atmosfera; substituam-se as penas dos pássaros por escamas e o seu aparelho respiratório pelas guelras dos peixes, e eles também se movimentarão livremente no meio aquático.

O equívoco provém, sem dúvida, de vos firmardes nas leis de um plano conhecido, para depois tentardes compreender os fenômenos correspondentes a planos completamente opostos. Seria tão absurdo tentarmos achatar o vapor d'água com um martelo de ferro, quanto batermos o ferro com um martelo de fumaça! Eis por que motivo não deveis imaginar os espíritos — que são de natureza etéreo-astral e invisíveis aos olhos humanos — a se moverem num cenário material como o da Terra, porque sempre estareis em equívoco! Na realidade, servindo-nos do perispírito, nos movemos tão logicamente no meio astral, quanto o espírito reencarnado que se movimenta com naturalidade no mundo material, porque em ambos os casos o corpo é feito da mesma substância que constitui o meio onde atua.

PERGUNTA: — Custamos a crer nessa diferença de percepção após a morte carnal, porque o mundo físico é o que nos parece mais consistente e positivo, o que comprovamos pelos seus ruídos, fenômenos da natureza e mil outras coisas que, em sua agitação, formam a realidade percebida pelos sentidos humanos.

ATANAGILDO: — Depois de desencarnados, nós atuamos pelo perispírito, que é o nosso verdadeiro organismo, que tanto preexiste ao nascimento como sobrevive após a morte do corpo físico. E, como esse nosso delicado instrumento de relação com o ambiente astral é mais sensível às percepções do espírito, passamos a gozar de mais sensibilidade psíquica. Visto que a chama espiritual é na realidade o centro de nossa consciência individual, no seio do Todo, o corpo físico e o perispírito significam os seus respectivos veículos de atuação nos planos material e astral. Desses dois veículos, qual, pois, o mais valioso e importante para a nossa estrutura espiritual? Sem dúvida, há de ser o perispírito, porque, além de ser um organismo definitivo, é o que se liga mais intimamente à nossa consciência imortal.

Enquanto o corpo de carne é um organismo pesado e denso, que atende dificultosamente às intenções e necessidades do espírito reencarnado, o perispírito, em virtude de sua contextura sutilíssima e quintessenciada, é maravilhoso instrumento de ação no seio das energias vivíssimas do Mundo Astral. A sua leveza e dinâmica permitem atender, de imediato, à mais insignificante vontade do espírito desencarnado. Recordo-vos a comparação já feita, alhures, de que o corpo físico é qual um escafandro a oprimir os movimentos do mergulhador no fundo do mar, restringindo-lhe os sentidos físicos no ambiente modificado pela água. Assim que o mergulhador despe o seu escafandro à superfície da água, logo se reintegra na posse de todos os seus movimentos naturais e passa a gozar da paisagem colorida e iluminada pelo Sol, que constitui o panorama da vida ao ar livre.

PERGUNTA: — Nós, que estamos condicionados ao mundo terreno — que nos parece ser a realidade sólida e positiva da vida — sentimos grande dificuldade em conceber um outro ambiente que, possuindo moradias e as mesmas formas terráqueas, possa, no entanto, ser habitado por espíritos desprovidos de corpo carnal. Que nos dizeis sobre isso?

ATANAGILDO: — É que ainda desconheceis a verdadeira contextura do perispírito, que é o veículo mais avançado da alma, cujo grandioso potencial não só sobrevive à destruição do corpo carnal, como ainda se revigora continuamente, a fim de servir às futuras reencarnações. Ele é o instrumento para que o espírito possa descer novamente à Terra e aí viver tanto tempo quanto seja o da resistência do corpo físico. Durante as inúmeras existências reencarnatórias, ele vai colhendo experiências através da dor, do sofrimento e das vicissitudes humanas e, após a desencarnação, torna-se o precioso instrumento de que a alma se utiliza nos planos sutis do Astral, pondo-se em relação direta com todas as energias originárias do próprio meio.

À medida que o perispírito se torna mais sensível com o sofrimento — que lhe favorece contínuas expurgações da escória agregada durante as vidas materiais — também a sua alma consegue maior expansão na vida espiritual e favorecimento para um intercâmbio de realizações felizes. Só depois de desencarnados é que compreendemos a ilusória realidade da existência carnal, ao compará-la com a vida de sensações maravilhosas e positivas que podemos gozar depois da morte física, graças à cooperação do perispírito sobrevivente.

PERGUNTA: — Conhecemos muitos espiritualistas de renome que negam a existência de um mundo "exterior", especialmente apropriado aos espíritos desencarnados, assegurando que estes vivem num mundo "virtual", dentro de si mesmos, como um produto abstrato de suas íntimas criações. Dizem mais que o céu e o inferno estão exclusivamente patenteados na intimidade de cada ser, não constituindo uma felicidade que possa ter relação com fenômenos de um ambiente externo. Que nos podeis esclarecer a esse respeito?

ATANAGILDO: — É indubitável que nós mesmos criamos o nosso mundo interior, e isso tanto o fazemos no Plano Astral como ainda reencarnados no plano físico. Mas deveis convir em que essa criação, sendo produto de nossa vontade, tanto se revela no mundo exterior como em qualquer ambiente em que possamos viver. Sem dúvida, edificamos o céu em nós mesmos quando os nossos sentimentos superiores reagem prazenteiramente, assim como construímos o inferno em consequência das criações bárbaras que alimentamos perigosamente em nosso campo mental. Mas, embora tudo o que se processa na intimidade de nosso espírito ocorra num campo vibratório diferente do da matéria, o fenômeno sempre se relaciona com o Mundo Astral que nos cerca, num processo de relações algo semelhante ao que se registra nos mundos materiais, variando apenas quanto aos recursos para isso que, nas regiões delicadas, se obtêm fundamentalmente por meio de nossas forças mentais. Assim, não usamos martelos, foices, enxadas, britadeiras ou escavadeiras nos ambientes de fluidos sutilíssimos, pois o extraordinário poder da mente opera com êxito e se torna capaz de aglutinar a energia do meio e construir com ela as formas desejadas.

Quando alcançamos o nível do nosso atual curso educativo, lidamos com as formas e delas nos servimos para extrair ilações mais avançadas, enquanto que nas zonas inferiores, onde a substância astral é ainda agressiva, rígida, pútrida e letárgica, inúmeras vezes se anulam os mais heroicos esforços mentais dos seus edificadores. Há regiões astrais inferiores à crosta terráquea que, em decorrência de sua vigorosa densidade, obrigam-nos a construir poderosos instrumentos, confeccionados com a mesma substância repulsiva do meio onde pretendemos agir. Então, os nossos esforços centuplicam-se, exaustivamente, ultrapassando as aflições e a fadiga dos rudes operários que, no mundo terreno, operam no interior das minas de chumbo e se sufocam pelos gases opressivos.

Se nós vivêssemos uma vida de exclusiva abstração mental, sem nos apoiarmos em contornos exteriores que nos servissem de sustentação pessoal, então os nossos queridos entes desencarnados também não passariam de imagens "virtuais" ou falsas criações, para serem apenas mentalizadas por nós, no amoroso colóquio íntimo de nossas almas com elas.

PERGUNTA: — Os espíritos que vivem em planos mais elevados podem se congregar, da mesma forma, em colônias ou cidades semelhantes às que descreveis?

ATANAGILDO: — Sem dúvida! Embora eles se encontrem mais intimamente ligados às causas da vida cósmica e manuseiem energia ainda mais sutil, também se relacionam com as formas, inconcebíveis para vós, mas tão reais para eles quanto a pedra o é para vós, na Terra.

As nossas metrópoles vos parecem fantasias e ainda opondes dúvidas às suas configurações; entretanto, os espíritos mais elevados, quando nos visitam, queixam-se de que ainda estamos demasiadamente materializados e, por isso, eles sofrem a opressividade do nosso meio astral. Angustiam-se com as reminiscências subjetivas dos seus próprios moradores, quando estes se deixam envolver ainda pelo saudosismo da Terra. No entanto, os nossos agrupamentos são mais sensatos e mais dinâmicos que as comunidades terrenas, porque não estamos sujeitos às incessantes destruições causadas pelas catástrofes produzidas pelos elementos físicos e, além disso, nos distanciamos muitíssimo do espírito belicoso das guerras fratricidas.

Em lugar de nos encontrarmos num mundo virtual, sem relações exteriores, atuamos exatamente nas "causas" da vossa vida material. Esta, na verdade, é bastante ilusória, porque de segundo a segundo tudo aí se transforma e envelhece, modificando-se e perdendo a sua razão de existir. Cada coletividade espiritual que se intercala entre a Terra e as regiões superiores divinas, situando-se na coroa evanescente de fluidos, significa uma nova comporta que se abre para a verdadeira vida do espírito, a fim de libertá-lo mais facilmente das paixões animais, que separam o homem do anjo.

PERGUNTA: — No vosso modo de vida astral, há algum metabolismo que garanta a vida do perispírito no meio em que se encontra, à semelhança do que acontece conosco, cuja vida é sustentada pelo ar atmosférico, por intermédio dos nossos pulmões?

ATANAGILDO: — Sem dúvida, pois, embora estejamos situados em planos de substância quintessenciada do Astral, ainda vivemos relacionados com o mundo exterior, malgrado as vossas dúvidas. Assim como respirais o ar, que é um produto químico do oxigênio, hidrogênio e azoto, nós também respiramos um elemento nutritivo em afinidade com o nosso estado de almas desencarnadas. Vivemos em um ambiente de magnetismo aprimorado e de um vitalismo alheio à atmosfera terrestre, que flui principalmente da cota de amor e simpatia, que se intercambia entre os moradores desta região. Tudo aqui se influencia de modo recíproco; seres e coisas estão impregnados da substância em que habitamos, motivo por que tenho insistido em vos afirmar que o nosso ambiente se nos afigura um prolongamento vivo de nós mesmos.

Trata-se de uma influenciação muito vigorosa, do meio, em intercâmbio fluente conosco, muito apropriada à nossa sensibilidade espiritual e também muito fácil de ser modificada pela ação vigorosa do pensamento. Quando já nos encontramos mentalmente treinados para efetuar conclusões técnicas, no meio, podemos até avaliar a emotividade e perceber os raciocínios dos espíritos situados em esferas baixas, ou mesmo quando visitam a nossa comunidade. Quase tudo, no Astral, exala um odor áurico, característico, que se produz pelas emoções espirituais e pelas ideias das criaturas em intercâmbio constante com as emanações do magnetismo nutritivo do meio.

Aqui se nos torna muitíssimo difícil pretender esconder qualquer coisa, e até o próprio pensamento dos espíritos superiores! Essa influência magnética, reinante no nosso ambiente, assemelha-se a um poderoso revelador fotográfico, imponderável, derramado sobre o fluido mental, que expõe aos mais entendidos todos os pensamentos recônditos de nossas almas.

PERGUNTA: — Creio que se justificam as nossas dificuldades para avaliarmos o panorama do Além, pois estamos habituados à visão exterior que nos proporcionam, no mundo material, os olhos da carne. Daí parecer-nos impossível conceber uma ideia desse plano "etéreo-astral", na falta de olhos que nos permitam contemplar o que se passa em outros planos da vida. Não é verdade?

ATANAGILDO: — Vós depositais toda confiança naquilo que os vossos olhos de carne veem, mas esqueceis de que, mesmo através desses olhos, ainda está a bem grande distância o panorama entrevisto pelo míope, em relação ao homem dotado de visão perfeita. Por isso, o míope precisa socorrer-se de lentes apropriadas, que clareiem as imagens distantes, enquanto o de vista normal pode vê-las claramente em suas configurações exatas. Mesmo no vosso mundo, nenhum cientista se arriscará a afirmar que as cores e formas percebidas pelos vossos olhos sejam exatamente como as enxergais. Eles já desconfiam de que a realidade, apesar da visão oferecida pelos olhos físicos, pode ser bem diferente dos padrões comuns que têm sido consagrados pela visão humana.

Os chineses antigos pintavam o céu como de um amarelo fosco, porque a sua visão rudimentar ainda não podia perceber o azul, que hoje é de percepção comum à humanidade. Esse azul será, porventura, a cor perfeitamente exata do céu? Ou será consequente da deficiência visual do homem do século XX? Para o sertanejo inculto, será verdadeira provocação ou escárnio dizer-lhe que na ponta de um alfinete há uma vida microbiana tão agitada como a de alguns milhares de rebanhos de carneiros soltos pelas campinas verdejantes?

Em face da precariedade da vossa visão física, não deveis imaginar o nosso mundo como uma semelhança de vossa moradia, pois os olhos da carne só podem fotografar aquilo que se lhes situa externamente. Por isso, falhais lamentavelmente quando desejais basear-vos no que eles veem para terdes a visão do mundo interno do espírito, que é a origem e não o efeito da vida material.

PERGUNTA: — Jesus, quando nos visitou, recomendou a

necessidade de renunciarmos ao mundo das formas, quando afirmou: — "O meu reino não é deste mundo". Por isso, ficamos confusos quando os espíritos dizem que nos planos de elevação espiritual, como a Esfera Astral em que habitais, ainda se cultua o prosaísmo dos costumes e formas terrenas. Qual o motivo dessa contradição?

ATANAGILDO: — Não há contradição alguma. É que falta ao homem crescimento espiritual para que possa se libertar completamente das formas tradicionais dos mundos sub-angélicos. Esse aspecto terreno do nosso mundo, a que vos referis, é ainda resultante das necessidades psicológicas de nossas almas, pois as formas de que falais vão desaparecendo gradativamente à medida que também ascensionamos para regiões superiores. É por isso que em nossa metrópole astral, embora ela tenha alguma semelhança com a paisagem terrena, já lidamos com coisas mais elevadas e que, em sua transitoriedade, nos preparam para as regiões de exclusiva abstração mental, isto é, na esfera que os calculistas do vosso mundo denominam de "plano do mental-abstrato".

Essa libertação do mundo de formas, a que se referiu Jesus, não se entende com o mundo que habitais, mas convosco mesmos! De que modo podereis alcançar as esferas do espírito puro, onde "pensar é viver", se ainda partis da Terra para cá fortemente escravizados às vossas próprias criações materiais? Normalmente, aí no vosso mundo, quando o cortejo fúnebre conduz o defunto para o cemitério, seu espírito ainda se encontra terrivelmente embaraçado nos fios da teia que teceu e em que se prendeu qual a mosca invigilante! Através do seu exagerado sentimentalismo, ainda está preso vigorosamente à parentela consanguínea, saudoso dos amigos leais e desencantado com os seus detratores; em sua mente angustiada desenha-se a figura do lar que havia composto e que tem de abandonar obrigatoriamente, onde se destacam as poltronas macias, os seus livros encadernados ao "gosto pessoal", os seus trajes de padrões simpáticos, o jardim com as suas flores prediletas, o automóvel da marca e da linha preferidas, o cachimbo de espuma, importado, o caniço tradicional da pesca moderna ou a trempe elétrica em que fazia o churrasco epicurístico.

Tudo lembra um panorama amigo, dócil e servil, que era um entretenimento tão agradável ao desencarnado; ele ainda estremece à lembrança da custosa vivenda que codificara para "descansar na velhice", do panorama da cidade natal com os rostos conhecidos e lisonjeiros, os ambientes de prosa noturna, o riso farto e as mulheres gentis!... Não havia se preparado para esse "outro mundo" que lhe parecia inexistente, fantasmagórico e ingênuo; a forma ainda era o seu reino, a sua glória e o seu motivo de ser.

Achais, porventura, que um homem terreno, dos que exemplifiquei, poderá ser lançado intempestivamente num ambiente repleto do mais augusto silêncio, onde vibra uma vida puramente introspectiva e para a qual não se preparara? Deus, infinitamente bom, mesmo quando solicita a libertação das configurações materiais, ainda o faz de modo suave, terno e sensato.

Realmente, Jesus advertiu-nos de que "o seu reino não era deste mundo", mas quantos de vós já estais em condições de desencarnardes completamente desligados das formas do mundo ou das coisas prosaicas da Terra, sem que sintais falta delas ou venhais a entrar em perturbação? Se ainda não pudestes nem ao menos abandonar o corrosivo alcoólico, o fumo intoxicante, o bife com cebolas, é óbvio que ser-vos-á ainda mais difícil viverdes na essência pura do Espírito e definitivamente afastados das formas.

6. Residências e edificações

PERGUNTA: — Residis em alguma casa semelhante às que temos no nosso mundo material?

ATANAGILDO: — Sim; e para mim essa casa é tão consistente quanto as que construís com alvenaria de tijolos ou com cimento armado! A extraordinária superioridade das construções do Mundo Astral sobre as edificações terrenas consiste no fato de as primeiras serem com a substância luminosa absorvida de nossa esfera, que tem invulgar capacidade de condensar os fluidos mentais dos seus moradores e depois devolvê-los num teor balsâmico ou então agressivo, na conformidade das emoções e dos pensamentos produzidos no ambiente. Logo depois que fui hospedado na metrópole astral do Grande Coração, aprendi que toda irradiação proveniente de nossas emoções descontroladas causa desarmonia no ambiente em que residimos, motivo pelo qual devemos manter a nossa mente vigilante, cooperando assim para que permaneça nesse ambiente a aura de tranquilidade, que é natural das almas equilibradas. Devemos evitar a predominância das vibrações nocivas, que se formam no campo íntimo de nossa própria ventura no Mundo Astral.

Por causa dessas providências salutares, que representam uma profilaxia mental realizada prazenteiramente pelos moradores de nossa comunidade astral, adquirimos hábitos melhores que os que cultuávamos desordenadamente no mundo físico. Nós nos adaptamos, pouco a pouco, a um padrão de vida em que só entram atividades e pensamentos elevados, que nos ajudam a dominar o psiquismo inferior e repelir as velhas sugestões das paixões animais, substituindo-as por hábitos novos, que futuramente muito nos ajudarão para conseguirmos o equilíbrio e a coesão psicofísica nas reencarnações terrenas. Esse treino de vigilância mental sobre a natureza dos nossos instintos perigosos facilita-nos a eclosão dos elevados princípios espirituais sobre a velha animalidade terrena.

PERGUNTA: — A construção da casa em que residis obedeceu a processos e padrões já conhecidos na Terra?

ATANAGILDO: — A construção de edifícios, casas ou quaisquer departamentos de nossa comunidade astral difere muito do que habitualmente se faz na Terra. Embora a substância do meio astral em que resido seja de propriedade comum, dependemos de permissão dos nossos maiores para obtê-la e com ela edificarmos o nosso lar, que deverá ficar em perfeita harmonia com a nossa própria índole psicológica e com a natureza dos sentimentos já desenvolvidos.

Isto é um direito que se adquire principalmente pela prestação de serviço útil e amoroso em favor da humanidade, quer o prestemos nas colônias e metrópoles astrais, quando desencarnados, quer o tenhamos prestado durante o período de nossas reencarnações nos mundos físicos. A autorização para nos servirmos da substância astral que é o principal elemento de relação e de vida exterior em nossa esfera pode ser até centuplicada, em face de créditos suplementares conseguidos em tarefas sacrificiais exercidas nos abismos do Astral inferior, onde gemem os infelizes delinquentes da espiritualidade. Do mesmo modo, certos labores de natureza mais importante, junto à crosta terrena, também conferem melhores credenciais para estabelecermos um programa de vida mais elevado no Astral.

PERGUNTA: — Uma vez que os moradores da vossa metrópole constituem seus lares, há por parte deles a preocupação, que os terrenos têm, de manter o asseio e promover a melhoria estética de suas habitações?

ATANAGILDO: — Em nossa moradia astral, que é integrada por espíritos mais compreensivos e desligados dos exageros e das vaidades humanas, esse sentido de asseio e de melhoria estética, a que vos referis, é cultivado ainda com muito mais carinho e sabedoria. Eles sabem proporcionar uma harmoniosa combinação de tudo em seus lares, onde a singeleza é tão espontânea e ao mesmo tempo tão agradável, que empresta um tom afidalgado a tudo aquilo que nos rodeia.

Não se observa nelas o luxo desmedido, nem empilhamento de futilidades inexpressivas, tão comuns às vivendas terrenas; tudo aqui se opera sob um sentido de harmonia que nasce dos nossos espíritos como se as nossas emoções contagiassem as coisas a que nos afeiçoamos. Há intenso júbilo de nossa parte quando comprovamos que a nossa consciência se estende sobre tudo que nos rodeia, como se fosse delicado manto eterizado, pois está completamente liberta dos interesses egoístas ou das vaidades tolas da carne, vivendo só em razão da paz e da ternura, que fundamentam o nosso ambiente de relações.

Reconheço que não podeis ainda avaliar essa nossa alegria espiritual, em que a nossa alma se transforma num pequenino sol sustentando diversos mundículos que cria e influencia, dando-lhes de sua vida e impregnando-os com as suas emoções e pensamentos simpáticos.

PERGUNTA: — Tomando por base a nossa vida física, poderíeis nos explicar melhor essa relação entre a alma e os objetos que a cercam?

ATANAGILDO: — Na Terra, comumente baseais a vossa alegria e ventura no colecionamento indiscriminado de objetos e utilidades, cuja aquisição vos é habilmente sugerida pela propaganda comercial, que muitas vezes consegue despertar em vós desejos e insatisfações que de modo algum suspeitáveis que existissem. Então, inverteis o trabalho real do espírito, pois ele, em lugar de alimentar a vossa ventura com a aquisição dos valores definitivos, cuida de amontoar objetos materiais e coisas atrativas de um mundo provisório, esquecendo-se de que mesmo o diamante mais precioso não consegue superar o valor da bondade e do amor, que o espírito inteligente pode despertar no seu coração. Criais falsos desejos de bem-estar e vos afastais dos altos ideais do espírito, ante a descuidosa escravidão a que vos submeteis para com as coisas terrenas. Acontece, porém, que a nossa insatisfação e inconstância, muito comuns quando estamos na Terra, não tardam em fazer-nos quebrar os elos de simpatia que mantínhamos com os nossos próprios móveis, enfeites e objetos de uso, que antes nos serviam tão agradavelmente, pois logo nos vem o desejo de os substituir por outras coisas "modernas". Então, passamos a vida terrena em constante insatisfação, porque dedicamos toda a força de nossa alegria e paixão a coisas que só reagem à mediocridade dos sentidos físicos e são impotentes para desenvolver em nós os valores eternos da alma. Deixemo-nos dominar pelas emoções infantis das coisas "novas e modernas", esquecidos de que, em breve, essas coisas também hão de se tornar velhas e antipáticas.

Além disso, influi sobre nós a opinião alheia quanto aos objetos e coisas a que nos ligamos egocêntricamente no mundo; quando essa opinião é agradável para nós, faz subir a coluna do nosso termômetro emotivo; se é desagradável, esfria-nos o entusiasmo e a alegria da posse. Mas, enquanto as coisas materiais são demasiadamente inertes no seu padrão vibratório, e não se relacionam diretamente com o nosso espírito, as coisas astrais estremecem à nossa simples presença, dotadas como são de uma vida que se escoa de nós mesmos. A matéria densa permanece isolada de vós mesmos, pois não reflete o vosso júbilo nem pode participar de vossa emoção espiritual, porque só a percebeis através da singeleza dos cinco sentidos. Na Terra, podemos nos apaixonar fortemente por um luxuoso veículo, mas isso o fazemos por sua beleza, utilidade ou conforto; no entanto, ele não participa conosco dessa emoção interior; é apenas um objeto inerte que deprecia e envelhece a cada segundo, depois que o consideraram construído. E, com o seu envelhecimento e depreciação, vai-se também a intensidade do nosso júbilo e o prazer que nos proporcionava quando novo.

Depois de desencarnados, quando passamos a entrar em

contato direto com ambientes de certa superioridade espiritual, aumenta-nos a sensação de "sentir" e "viver", porque a substância astral se torna um elo entre nós e as coisas exteriores. Ela reflete com agudeza a nossa gama psicológica e a estesia de nossa alma; derrama sobre os elementos com que nos relacionamos a essência colorida que se projeta de nossas auras, aumentando-lhes a vivacidade vibratória. É certo, entretanto, que essa matéria astral, assim como é capaz de reter os mais variados matizes emotivos do nosso espírito, também costuma coagular-se na forma de matéria escura e repulsiva, quando nos descontrolamos sob o domínio das paixões inferiores.

PERGUNTA: — Desde que as coisas materiais do mundo terreno não podem produzir modificações interiores e fundamentais na alma, não seria ingenuidade de nossa parte supormos que coisas semelhantes possam exercer influência nos desencarnados, apenas porque são de substância astral?

ATANAGILDO: — À medida que o espírito ascenciona para regiões superiores, também ingressa num campo de energias mais sensíveis e que reagem com prodigiosa eficiência às suas mais fracas irradiações mentais. É claro que o pensamento não pode erguer uma pedra do mundo físico, quando aí vos encontrais, pois para isso requer-se o emprego das mãos ou de uma alavanca, mas, no plano onde o ambiente seja exclusivamente constituído de matéria mental, o pensamento atua diretamente nesse meio, produzindo ou criando imediatamente aquilo que deseja. É fora de dúvida que, apesar de o pensamento ser energia mental concreta, não pode agir diretamente na pedra, que é matéria, assim como, de acordo com a lei vibratória, tampouco a pedra consegue mudar a natureza essencial do pensamento.

Entretanto, como em nossa esfera ainda vivemos entre a matéria mental do plano superior e a matéria física do plano inferior, tudo aquilo que criamos, ou pensamos, encontra-se vigorosamente impregnado da própria substância mental do nosso pensamento. Assim, as nossas emoções e júbilos associam-se e refletem nas próprias coisas que criamos, porque estas possuem um pouco de nossa própria substância mental.

Graças a essa vivíssima reação do ambiente ao nosso pensar e sentir — porque o meio astral que nos cerca também se encontra impregnado de nossos pensamentos, ou energia mental — gozamos a impressão de que estamos ligados às coisas que nos rodeiam e que só aparentemente estão fora de nossas almas.

PERGUNTA: — Qual a superioridade das edificações e decorações dessa metrópole astral, em comparação com o tradicionalismo das edificações terrenas?

ATANAGILDO: — O que se observa de mais importante em nossa moradia astral, em relação à Terra, é a genial combinação entre as suas edificações arquitetônicas e as fascinantes decorações que lhes podem ser proporcionadas pela riqueza de cores luminescentes e pelos maravilhosos recursos fornecidos pela prodigalidade das flores.

Depois do grande logradouro, em forma de heptágono, que se situa no centro principal da metrópole, surgem os edifícios residenciais, que vão se tornando cada vez mais numerosos, à medida que se afastam do perímetro central. Eles ocupam toda a zona Norte, Sul e Leste, que constitui o principal agrupamento residencial da cidade, enquanto todos os departamentos e instituições educativas, científicas ou artísticas se situam por toda a área da zona Oeste, formando vasto triângulo que se confina com o horizonte astralino.

No entanto, esses prédios, palácios ou instituições não se agrupam sob a mesma rigidez geométrica, nem formam interminável fila de fachadas marginando compridas ruas, como só acontece na Terra, mas são construídos em blocos à parte, em grupos caprichosos e intercalados por bosques frondosos. Cada conjunto de edifícios situa-se no meio de belos jardins de alfombras floridas, entremeados de pequenos lagos e canais de água cristalina, cujos leitos são marchetados de lâminas coloridas e transparentes.

Essas fontes, semelhantes a espelhos líquidos e de reflexos policrômicos, são marginadas por delicadas faixas de pequeninos arbustos odoríferos, que embalsamam a brisa com os seus perfumes embriagadores e que sempre me fazem lembrar a fragrância do sândalo, da rosa ou do odor inebriante do jasmim. Os arvoredos, em ternos abraços de vegetação florida, intercalam-se de espaço a espaço, formando graciosos bosques de sombras refrescantes, emoldurados com um halo de suave luz solar astralina.

Há recantos maravilhosos e clareiras de sonhos principescos, onde delicados bancos, de porcelana transparente, lançam reflexos de cor eterizadas e se balouçam, suspensos entre colunas de uma substância rósea, muito inquieta, da forma mais ou menos da espuma do mar. Em torno desses bancos se engrinaldam as trepadeiras, pejadas de cachos de flores aromáticas, que se casam aos festivos banquetes da luz irisada do Plano Astral. Quando vislumbrei esses aspectos paradisíacos no Além, estava certo de que havia despertado no seio daqueles jardins formosos e coxins floridos da Grécia, onde os poetas, os filósofos, os músicos e os cantores, em festa, sublimavam na vida humana a misteriosa saudade dos mundos celestiais.

PERGUNTA: — Esses edifícios são construídos sob as mesmas linhas arquitetônicas conhecidas na Terra?

ATANAGILDO: — Os grupos de edifícios revelam, à primeira vista, as linhas arquitetônicas e os estilos próprios das raças mais civilizadas do mundo terreno; há blocos de uma pureza grega, cujos palácios, de base e capitel jônico, têm as suas extremidades em forma de coxins marmorinos, onde as volutas se enovelam na forma de adelgaçadas espirais; o gosto hindu se revela pelas indefectíveis construções rendilhadas, com telhados cônicos e cobertos de folhas douradas pela substância astral; os pagodes chineses têm seus equivalentes em nossa metrópole, embora sob um sentido de alta espiritualidade. Há edificações semelhantes ao velho estilo árabe, que lembram, por vezes, as bases quadradas, encimadas por cúpulas cercadas de altos minaretes, que eram próprias das tradicionais mesquitas de orações a Allah e de reverência a Maomé. O velho Egito é reverenciado pelos edifícios de áreas abertas e espaçosas, que se confundem com os luxuriantes plátanos e canteiros cobertos pelas cativantes margaridas que, na forma de prodigioso tapete florido, cantam as glórias do Nilo milenário.

Todos os demais prédios e edificações da metrópole astral também se cercam de vastos jardins pejados de flores.

Quase todas as residências são espaçosas, ligando-se os jardins com os aposentos interiores, onde a brisa se encarrega de renovar a atmosfera odorífera. Sobre os portais extensos, em sua maioria, existem relevos delicados, que em seus ternos arabescos simbolizam a comunidade do Grande Coração.

PERGUNTA: — Desde que se trata de uma metrópole astral com características predominantemente brasileiras, não deveria ela possuir edificações mais condizentes com o nosso ambiente e estilo nacional?

ATANAGILDO: — Já vos notifiquei da despreocupação de nacionalismo nas comunidades do mesmo nível espiritual da metrópole do Grande Coração. Os espíritos desencarnados que atualmente a habitam, embora provenham do Brasil, são egressos de algumas civilizações milenárias, que já existiam muito antes de ser descoberto o vosso país. A comunidade propriamente brasileira ainda não atingiu meio milênio de existência; muitos espíritos que se encontravam e ainda se encontram encarnados na vossa pátria procedem das coletividades persas, egípcias, gregas, hindus e hebraicas. A maioria dos habitantes de nossa metrópole não possui mais de duas ou três encarnações no Brasil, ao passo que já viveu dezenas de vezes noutras civilizações orientais. Isso quer dizer que o conteúdo espiritual dessa maioria propende mais para a psicologia do Oriente, em lugar de propender para a do ambiente brasileiro.

PERGUNTA: — Mas essa propensão para estilos cultuados pelas civilizações antigas não representa, porventura, certo conservantismo por parte dos espíritos desencarnados, em vossa metrópole? Isso não está em contradição com o grau evolutivo que já alcançaram no domínio dos sentimentos regionalistas terrenos?

ATANAGILDO: — É fora de dúvida que muitas das vossas edificações consideradas modernas e progressistas não passam, também, de estilos deformados ou degenerações arquitetônicas, que são levados à conta de libertação de formas. O espírito sábio e artista pode extrair das coisas do passado, aquilo que é realmente genial, estético e sensato, uma vez que o próprio tempo não consegue destruir a ideia, cujo fundamento seja o sublime e o verdadeiro. Em nossa metrópole, nunca desapareceu a preocupação básica de se unir a beleza da cor à magia da luz, atendendo-se sempre às linhas edificativas capazes de evocarem as principais características emotivas das raças terrestres que plasmaram as bases do organismo carnal brasileiro. Embora esses desencarnados não sejam saudosistas emotivos do mundo terreno, eles se fazem gratos aos climas geográficos onde aprimoraram o sentimento e desenvolveram a razão, reverenciando nos seus estilos arquitetônicos e na delicadeza das ornamentações, aquilo que, sem forma, ainda lhes fala ternamente à natureza efetiva da alma.

7. Considerações sobre a desencarnação

PERGUNTA: — Após abandonardes o corpo físico, quais foram as primeiras reflexões que vos acudiram ao espírito?

ATANAGILDO: — Não senti grande diferença ao mudar-me para o Mundo Astral por ter-me devotado profundamente, em vida, à melhoria vibratória do meu espírito, do que resultou-me uma desencarnação bastante feliz.

Mesmo quando nos encontramos ainda no corpo carnal, já podemos viver parte do ambiente astral superior ou inferior, em que iremos penetrar depois da morte corporal. Os hábitos elevados, cultuados na vida física, significam exercícios que nos desenvolvem a sensibilidade psíquica para depois nos sintonizarmos às faixas sutilíssimas das esferas do Além, assim como o cultivo das paixões denegridas também representa o treino diabólico que, depois, nos afundará implacavelmente nos charcos tenebrosos do Astral inferior. Todo impulso de ascensão espiritual é consequente do esforço de libertação da matéria escravizante, assim como a preguiça ou o desinteresse por si mesmo se transformam em perigoso convite para as regiões infernais. Os nossos desejos se rebaixam em virtude dessa habitual negligência espiritual para com o sentido educativo da vida humana, assim como também se elevam, quando acionados pelo combustível da nossa aspiração superior e mantidos heroicamente à distância do sensualismo perigoso das formas.

Não importa que ainda permaneçamos no mundo de carne, pois, desde que sejam cultuadas as iniciativas dignas, também estaremos usufruindo o padrão vibratório do Astral superior, porque, em verdade, a entidade angélica que vive em nós, sintonizada aos mundos elevados, esforça-se para sobrepujar a organização milenária do animal instintivo. Sob esse treino mantido pelo exercício contínuo da ternura, da simplicidade, da simpatia, do estudo e da renúncia às seduções da matéria transitória, a desencarnação significa para nós um suave desafogo e mudança para melhor, que é o ingresso positivo no panorama delicado que já entrevíamos em nossa intimidade espiritual ainda reencarnada. E a vida humana, em lugar de significar o famigerado "vale de lágrimas", toma-se breve promessa de felicidade, assim como no céu plúmbeo e tempestuoso podemos entrever as nesgas de nuvens que hão de permitir a passagem dos primeiros raios do Sol da bonança.

Quando sentimos vibrar no âmago de nossa alma os primeiros reflexos do futuro cidadão celestial, modifica-se também a nossa visão da vida humana e do esforço criador da natureza; pouco a pouco, sentimo-nos unidos à florinha silvestre perdida na vastidão da campina, ao pássaro no seu voo tranquilo sob o céu iluminado e ao próprio oceano que ruge ameaçadoramente. É a mensagem direta da vida cósmica que se expressa em nós, convidando-nos aos voos mais altos e à libertação definitiva das formas inferiores, para nos integrarmos ao espírito imortal que alimenta todas as coisas.

Quando me senti completamente desembaraçado do corpo físico, embora no meu perispírito ainda estrugissem os desejos e as paixões do mundo que deixava, não me deixei perturbar espiritualmente, porque já havia compreendido o sentido da vida material. Os mundos planetários, como a Terra, não passam de sublimes laboratórios dotados das energias de que a alma ignorante ainda precisa para tecer a sua individualidade, na divina consciência de "existir e saber".

PERGUNTA: — E como sentistes a separação da família terrena?

ATANAGILDO: — A minha desencarnação significou-me

a revelação positiva do mundo que já palpitava em mim, uma vez que já havia me libertado das ilusões provisórias da vida material. Embora eu ainda permanecesse operando num corpo de carne, em verdade o meu espírito participava demoradamente da vida astral do "lado de cá", porque de há muito desistira de competir nos embates aflitivos do personalismo da matéria, para apenas ser o irmão de boa vontade no serviço do bem ao próximo.

Encontrava-me no limiar dos vinte e oito anos e vivia sozinho, pois meu pai havia falecido aos quarenta e oito anos de idade, deixando-me criança, em companhia de uma irmã de quinze anos. Embora eu tivesse noivado poucas semanas antes de desencarnar, ainda não me deixara escravizar pela ideia fixa de só ser feliz constituindo um lar material. Eu considerava o casamento como grave responsabilidade espiritual, certo de que na vida prosaica do lar doméstico teria de por à prova a minha bagagem de afetos ou aversões, que ainda pudesse trazer de vidas pregressas. À medida que vamos nos libertando dos preconceitos, paixões e caprichos humanos, também desinteressamo-nos de garantir a identidade de nossa personalidade nas formas do mundo material. Compreendemos, então, que todos os seres são nossos irmãos, enquanto que o exclusivismo da família consanguínea não representa a realidade da verdadeira família, que é a espiritual. Embora os homens se diferenciem através dos seus organismos físicos e raças à parte, todos provêm de uma só essência original, que os criou e os torna irmãos entre si, mesmo que queiram protestar contra esta afirmativa.

O lar tanto pode ser tranquila oficina de trabalho para as almas afinadas desde o passado, como oportuna escola corretiva e de ensejos espirituais renovadores entre velhos adversários, que podem se encontrar algemados desde os séculos findos. Sem dúvida, o ninho doméstico é generosa oportunidade para a procriação digna de novos corpos físicos, que tanto auxiliam os espíritos desajustados do Além, aflitos para obterem o esquecimento num organismo de carne, a fim de atenuarem o remorso torturante do seu passado tenebroso.

Mas é evidente que, quando há grande capacidade do espírito para amar a todos os seres, isto lhe enfraquece a ideia fundamental de constituir família consanguínea e normalmente egocêntrica, sem que esta sua atitude represente um isolacionismo condenável. Jesus manteve-se solteiro e foi o mais sublime amigo, irmão e guia de toda a humanidade. E durante a sua desencarnação, certamente não sofreu pela separação da família carnal, porque, em vida, o seu coração já se revelara liberto da parentela física. E ele bem nos comprova esse grande amor por todos, quando formula a sibilina indagação a sua mãe: "Quem é minha mãe e quem são meus irmãos?"

Deste modo, ser-vos-á fácil compreender que não passei pelo desespero e pelas angústias perturbadoras no momento da separação de minha família consanguínea, porque em vida física já me habituara à confraternização sincera com todos os seres que cruzavam o meu caminho, resultando que a minha saudade abrangeu uma família bastante extensa e paradoxalmente desligada da ilusão consanguínea.

PERGUNTA: — Porventura não deixastes os vossos íntimos onerados por inúmeros problemas aflitivos, morais ou econômicos, que poderiam fazer-vos sofrer no Mundo Astral?

ATANAGILDO: — Minha mãe continuou a dirigir certa parte dos negócios de artefatos de madeira, deixados por meu pai, cuja fábrica vendeu, depois, para poder custear os nossos estudos. Olívia, minha irmã, obteve boas notas nos estudos de piano e terminou o ciclo ginasial, tornando-se exímia pianista e, mais tarde, competente professora. Quanto a mim, logrei terminar o curso de engenheiro agrimensor e topógrafo, em conhecida politécnica brasileira, o que serviu para garantir o meu sustento. Deixei minha progenitora na Terra, vivendo com minha irmã Olívia, já casada com abalizado médico paulista, em cuja casa ela ficou desde que falecera meu pai. Por causa das imposições da profissão, que me obrigava a percorrer o interior do país, eu já vivia muito distanciado de minha família e cheguei a ausentar-me dela por alguns meses seguidos, o que também deve ter atenuado a minha dor da separação.

PERGUNTA: — Poderíeis nos expor as conclusões filosófi-

cas que vos auxiliaram a ter serenidade na hora amarga da separação da família, a fim de que isso nos sirva de orientação espiritual?

ATANAGIILDO: — Quando a nossa maturidade espiritual nos permite entrever todas as existências passadas, como se fossem várias contas coloridas, unidas pelo cordão da verdadeira consciência espiritual, verificamos que o nosso tradicional sentimentalismo humano está em contradição evidente com as qualidades de heroísmo e libertação do espírito divino, que nos dirige os destinos pelos caminhos do mundo planetário.

A evocação de nossas vidas pregressas, com o consequente avivamento da nossa memória espiritual, também nos surpreende, constrangidos, ante os dramas exagerados que desempenhamos diante da morte do corpo físico que nos serviu no passado, em consequência da separação rotineira das várias famílias consanguíneas que temos constituído na Terra. Verificamos, então, que a morte física é apenas o fim de um período letivo de aprendizado do espírito na carne, como acontece com a criança que termina cada ano do seu curso primário, preparando-se para as lições mais avançadas do porvir. A perda do corpo material não destrói as amizades nem os ódios milenários do espírito, porque este é sempre o eterno sobrevivente de todas as mortes.

Quando compreendemos a realidade da vida espiritual, rimo-nos sempre das tantas vezes que temos chorado sobre os vários corpos de carne de nossos familiares terrenos, verificando que foram apenas vestimentas provisórias, que tiveram de devolver periodicamente ao guarda-roupa prosaico do cemitério. E também não escapamos de sorrir, desconcertados, ante as recordações de que os nossos parentes também choraram, inconsoladamente, nas diversas vezes que tivemos de entregar o nosso traje de nervos, músculos e ossos à sepultura da terra. É um choro milenário a que as criaturas de todas as raças se entregam junto aos leitos dos enfermos e sobre os sepulcros carcomidos, na mais crassa ignorância da realidade espiritual. A morte é libertação e o túmulo o laboratório químico que devolve à circulação as moléculas cansadas pelo uso. Quanto maior for a ignorância da alma, no tocante à morte física, que significa a renovação de oportunidades benfeitoras, tanto mais se tornará crítica e dramática a hora de a criatura devolver o corpo emprestado e então reclamado pelo armazém de fornecimento da mãe-Terra.

É por isso que os reencarnacionistas — que são conscientes da realidade espiritual — quase não choram pelos que partem para cá nem temem a morte, porque reconhecem nela uma intervenção amiga para libertação do espírito, auxiliando-o a iniciar a sua nova caminhada no seu verdadeiro mundo, que é o Além. No entanto, a maior parte dos religiosos dogmáticos e as criaturas descrentes da imortalidade da alma arrepiam-se diante da hora do "falecimento"; os primeiros, porque temem a "eternidade" do inferno, visto que nem sempre estão bem seguros de suas virtudes; os segundos, porque se defrontam com a ideia horrorosa do "nada". Sem dúvida, para essas criaturas a morte sempre lhes parecerá coisa lúgubre, indesejável e desesperadora.

A nossa parentela física, à medida que vai desencarnando, prossegue no Além as tarefas a que todos nós estamos ligados, para a ventura em comum. Assim, os que partem com antecedência preparam o ambiente feliz para aqueles que ainda se demoram na carne. Diante dessa verdade, não há justificativa alguma para os desmaios histéricos, os gritos estentóricos e as clássicas acusações escandalosas contra Deus pelo fato de roubar os nossos entes queridos e fazê-los apodrecerem em tristes covas de barro.

Eis por que necessitamos despertar em vosso mundo a verdadeira ideia da imortalidade, que é fundamento de nossa própria estrutura espiritual, trabalhando para que vos distancieis da ingênua presunção de que é preciso morrerdes no corpo físico, para só então sobreviverdes em espírito. Esse espírito está convosco a todo momento, em qualquer plano de vida; constitui o próprio "pano de fundo" de nossas individualidades, onde se encontra o Magnânimo Pai, que nos sustenta por toda a eternidade.

PERGUNTA: — Achais, então, que, por sermos excessivamente sentimentalistas, esquecemo-nos das qualidades superiores do espírito; não é assim?

ATANAGILDO. — Deveis saber que as manifestações de dor, por meio de exageros gritantes ou brados compungidos, sobre o corpo "falecido", nem sempre revelam sofrimentos mais reais e sinceros do que a serenidade e o silêncio que, muitas vezes, manifestam aqueles que sabem se dominar durante a separação do corpo do seu ente querido. Quantas vezes aqueles que se desesperam teatralmente, debruçados sobre os caixões de seus familiares, não se pejam, em breve, de os estigmatizar com censuras acres e despeitos maldosos, só porque não foram beneficiados prodigamente no reparte cobiçoso da herança. Quantos esposos que, à saída do corpo do cônjuge, chegam a exigir socorro médico ou ensaiam suicídios espetaculares, não suportam o prazo tradicional do luto terreno e se entregam imediatamente, com incontida avidez, a uma paixão violenta, seguida de apressado enlace matrimonial.

Durante o período de comemoração dos "mortos", em que o cemitério se torna buliçoso centro de atividades humanas, quantas criaturas que, no decorrer do ano, não tiveram tempo de pensar nos seus queridos, fazem então a tradicional limpeza do túmulo e, no dia de finados, iniciam ali um choro tímido, miúdo e controlado, na santa ignorância de que nós, os desencarnados, não apreciamos receber louvaminhas sobre o nosso cadáver apodrecido. Existindo em vosso mundo tantos jardins floridos e tantos recantos que convidam à meditação e à prece, por que motivo escolheis os monturos de ossos e carne podre para homenageardes nossos espíritos imortais?

Quantos de vós vos esqueceis de nós por longo tempo, em vossas preces e vibrações amigas, para um dia correrdes apressados a nos festejar sob compungido programa marcado pelo calendário humano e entremeado de choros controlados pelo cronômetro dourado....

Evidentemente, isso não passa de um sentimentalismo discordante da lógica e contrário aos sentimentos da alma imortal. Aqueles que cultuaram digna e afetuosamente as suas relações com os seus familiares, quando estes ainda se encontravam encarnados na Terra, sem dúvida, não precisarão chorá-los depois de "mortos". E quando assim procederem, ficará abolido o choro à hora certa nos cemitérios ou ao redor das eças nas igrejas, principalmente porque muitas vezes esse choro apenas encobre o remorso das velhas hostilidades terrenas, que são muito comuns no drama da família humana. E essas hostilidades se registram porque, comumente, o parentesco na Terra apenas esconde as almas adversas, que a Lei do Carma ligou pelo mesmo sangue e carne, por não terem ainda aprendido a se devocionarem mutuamente. Que vale, pois, chorar o corpo que apodrece no seio da terra, quando ainda não se aprendeu a amar em espírito?

PERGUNTA: — Mas no caso de vossa desencarnação, não podeis deixar de reconhecer que a dor dos vossos familiares constituiu sincero desespero; não é assim?

ATANAGILDO: — Sem dúvida, pois os meus familiares ainda não possuíam o esclarecimento espiritual que já me beneficiava e, com toda honestidade, deviam descrer da possibilidade de ainda me tornarem a ver. Não sucede o mesmo convosco? Embora sejais espíritas — o que quer dizer reencarnacionistas — e acompanheis o meu pensamento através dos escritos do médium, já tendes, porventura, certeza absoluta de que sois imortais e estareis vivos, no Além, assim que vos separardes da vossa família terrena? Auscultai bem a intimidade de vossa alma e chegareis à conclusão de que ainda guardais alguma sombra de incerteza sobre isso, como se algo vos cochichasse ao ouvido que tudo não passa de fantasias criadas pela imaginação de um médium e não de comunicação de um espírito que se diz desencarnado e imortal.

Quais serão as vossas reações emotivas diante do vosso ente mais querido, inerte num caixão mortuário, na dependência, apenas, dos ponteiros do relógio para que seja entregue à cova triste e derradeira da terra? Acreditareis, porventura, que ele partiu para um mundo conhecido, para onde devereis partir, também, após alguns anos, meses ou dias, para um feliz encontro com ele?

Acresce que, quando credes na imortalidade da alma e sabeis que a morte do corpo não é transformação miraculosa para o espírito, ficais na dúvida de encontrardes os vossos familiares felizes e belos, no Mundo Astral superior, pois que podereis defrontá-los horrendos e apavorados, caso tenham cultuado vida abominável na Terra. Por isso, o costume humano é de evitar pensar na morte, considerando-a como se ela não existisse. Julga-se mesmo como insensível ou sádico aquele que ousa considerar a morte como coisa rotineira e viável algum dia. No entanto, nem por isso ela será eliminada de vossos destinos, porque também tendes os vossos dias contados. O ser humano não deve copiar a estultice do avestruz que, diante do perigo, cava um buraco e enterra nele a cabeça, crente de que assim estará a salvo da ameaça perigosa.

Há, entretanto, espíritos sadios, que não temem imaginar até o seu próprio funeral e chegam mesmo a encará-lo de modo jocoso; há também os que ironizam o convencionalismo das flores e coroas, quando os cortejos fúnebres se transformam em verdadeiros jardins suspensos, fazendo esvoaçarem ao vento irreverente as fitas roxas com o sentencioso "derradeiro adeus".

No entanto, o que vos parece acontecimento tétrico e que na vida material provoca rios de lágrimas compungidas, é apenas benéfica libertação daquele que cumpriu na Terra o programa traçado antes do último renascimento carnal!... Indagai à libélula, que se farta da luz do Sol e do perfume das flores, se ela achou fúnebre o libertar-se do feio e escravizante casulo da lagarta? Mas vós temeis essa transformação; viveis aterrorizados diante da morte corporal, lutando para ignorardes essa probabilidade no seio da vossa família, se bem que ela vos pareça muito natural, desde que ocorra com estranhos ou com outros povos.

Entre os encarnados, a morte só é considerada à distância e, porque guardais dela um temos apavorante, contribuís para que não se consiga resolver um problema que, na realidade, vos toma de plena angústia e desespero.

Essa deliberada fuga mental, do fenômeno implacável da morte terrena, de modo algum vos auxiliará nas primeiras horas do Além-túmulo, porque o medo é ainda o maior adversário astral daqueles que não se preparam mentalmente para morrer.

PERGUNTA: — Mas, volvendo às nossas indagações, devemos crer que o sofrimento de vossos familiares também se deve a excessivo sentimentalismo?

ATANAGILDO: — Não tenho razões para atribuir aos meus familiares exagerado sentimentalismo, mas também não tenho dúvidas quanto ao seguinte: eles se lançaram desesperadamente sobre o meu caixão mortuário, porque ainda ignoravam a realidade de minha sobrevivência espiritual. Quase toda minha parentela e amigos eram muito afeiçoados à religião católica romana e, por esse motivo, ainda pensavam pela cabeça dos seus sacerdotes, faltando-lhes, pois, uma infinidade de detalhes sobre a imortalidade da alma. Guardavam ciosamente o respeitoso receio de ferir o "tabu" sagrado imposto pelo seu credo, que lhes proibia de fazerem quaisquer indagações sobre filosofias condenadas pela igreja romana.

Nada sabiam das reencarnações do espírito ou da lei cármica, ao mesmo tempo que temiam profundamente qualquer comunicação com os "mortos", obedecendo ao mal interpretado preceito de Moisés sobre o assunto, embora nenhum deles fosse hebreu. Acredito que noutras existências tivessem vivido muito tempo à sombra dos templos religiosos dogmáticos, pois, embora fossem adultos de sentimento, pareciam-me crianças de 10 anos, atemorizados com o diabo e compungindo-se com as complicações de Adão e Eva no Paraíso. Em minha casa a família atendia aos preceitos religiosos com louvável critério, mas quanto às coisas que ultrapassavam o entendimento rotineiro, os meus queridos atribuíam tudo a mistérios que não podiam ser desvendados pelo homem.

Acreditavam em Deus como sendo o tradicional velhinho de barbas brancas, descansando sobre confortável poltrona de nuvens alvejadas, a distribuir "graças" aos seus súditos tomados de boa intenção. Aceitavam submissamente o dogma dos castigos eternos, que serviam para desagravar as ofensas feitas a Deus por aqueles que ainda não haviam requerido a sua carteira de religiosidade oficial. Confiavam num céu generoso, conquistado em troca de apressadas conversões reforçadas por algumas rezas ou orações, enquanto se reserva o inferno para os teimosos que não aderiam aos seus estatutos seculares.

Deixei uma parentela consanguínea entre tios, tias, irmã, primos, mãe e avós, que por vezes se me dirigiam, sentenciosos, advertindo-me fraternalmente do grande pecado de ser um "livre pensador" ou um "renegado da verdadeira religião". Lamentavam a minha repulsa às imposições de amigos e conhecidos que à força queriam me inculcar ideias restritivas aos meus movimentos fraternos e à minha ilimitada faculdade de pensar. Eu os considerava como inofensivas crianças, ainda presas às deliciosas histórias da carochinha, que tanto me haviam embalado durante a infância tranquila.

Eis os motivos por que não poderia considerar os meus parentes dotados de sentimentalismo falso à hora de minha morte corporal, pois eles eram apenas vítimas de sua própria ociosidade mental e de ignorância espiritual, por haverem abdicado do seu raciocínio sagrado de almas livres, para só pensarem pela cabeça de sacerdotes que ainda viviam em confusão consigo mesmos.

PERGUNTA: — Por que dizeis que "os sacerdotes viviam em confusão consigo mesmos"?

ATANAGILDO: — Porque os homens que realmente chegam a conhecer a verdade nunca procuram impor seus postulados a quem quer que seja, nem restringir a liberdade de pensamento de seus irmãos. No entanto, minha família era assediada constantemente por eles, que assim tentavam criar dificuldades em torno de minhas atividades espiritualistas, realizadas, aliás, sem compromissos e sem condições de crença ou de seita. É óbvio, pois, que só uma confusão entre esses religiosos e os seus próprios postulados poderia levá-los ao absurdo de procurarem aumentar prosélitos, na pressuposição de que, aumentando a quantidade, se pudesse melhorar a qualidade!... Quando eu vivia na Índia, apreciava muito um provérbio oriental que, traduzido à vossa compreensão ocidental, deveria ser assim: "Basta-me a Paz que do Criador em mim desceu, para que os outros também bebam da Paz que neles há de descer!" Quando não temos ainda essa Paz, geralmente procuramos perturbá-la naqueles que já a possuem. Muitas vezes a preocupação aflitiva de "salvar" o próximo não passa de disfarçada decepção que se aninha na alma fracassada.

PERGUNTA: — A vossa família terrena já era um conjunto de espíritos unidos por afinidade espiritual do passado?

ATANAGILDO: — Conforme já vos esclareci, a maior parte de minha última existência terrena fora dedicada ao aprendizado espiritual, porque a exigência mais severa do meu carma resumia-se na dívida para com Anastácio. Desse modo, ligara-me a um conjunto de espíritos eletivos à minha índole afetiva, sem grandes débitos do passado, mas desprovidos de grandes dotes de inteligência ou raciocínios da alta estirpe sideral. Eu havia reencarnado em ambiente médio e de realizações comuns, que não apresentava as fulgurações próprias das almas angélicas; no entanto, tratava-se de gente incapaz das solertes maquinações diabólicas dos espíritos trevosos.

Minha mãe já me fora dedicada ama na França, quando assumira a responsabilidade de auxiliar a me criar, depois de meu pai haver realizado um segundo casamento com uma criatura ociosa, que não passava de um objeto decorativo em nosso lar. Quanto a Olívia, minha irmã, já nos havíamos encontrado na Grécia, por duas vezes, e sempre estivemos ligados afetuosamente mesmo durante os períodos de nossa libertação espiritual no Além. A amizade dos demais parentes variava em sua maior ou menor afinidade para comigo; e nunca eles me hostilizaram, salvo um primo errante, que era considerado a "ovelha negra" da família, pois vivia de chantagem e espertezas na capital paulista. Este primo deveria ser espírito de excelente memória etérica, porque, embora eu lhe dedicasse sincera afeição, não escondia certa prevenção e deliberada vigilância para comigo.

Talvez o seu subconsciente o tornasse temeroso de que eu lhe devolvesse a punhalada que, junto a outros, havia me aplicado em Paris, nos fundos da Notre-Dame, na última romagem que lá me fora dado curtir.

De todos os meus companheiros da última encarnação, resta Cidália, minha noiva, que, em verdade, é o espírito mais afim comigo em todo o grupo familiar do qual me aproximei ultimamente no Brasil, pois são muitas as reencarnações que já tivemos juntos. Infelizmente, ela se deixara seduzir demasiadamente, no passado, pelas facilidades do poder e do prestígio na Espanha de Felipe, o Católico, do que resultaram para ela três existências consecutivas de retificação espiritual, desviando-se, por isso, da rota que seguíamos para o definitivo aprendizado espiritual. Daí o fato de a nossa ligação na carne ter tido caráter muito fraterno, com mútua avidez por estudos da mesma esfera mental, pois reavivávamos os nossos experimentos esotéricos do Egito, Pérsia, Índia e da Idade Média.

PERGUNTA: — Quereis dizer que há propositado desinteresse da humanidade pela sua felicidade espiritual; não é assim?

ATANAGILDO: — Sem dúvida, o que há é desinteresse pela própria ventura espiritual e não falta de oportunidade educativa, porquanto mesmo os teosofistas, espíritas e esoteristas, em sua maioria, raramente ultrapassam a leitura de uma dezena de livros educativos. Que se dirá, então, daqueles que ainda marcham asfixiados, dentro do rebanho humano tangido por homens travestidos de instrutores religiosos, a pregar as mais tolas fantasias como a do pecado de Adão? As almas que já podem olhar do cimo de suas realizações espirituais e abranger a longa estrada percorrida com os pés sangrando para vencer a encosta agreste, sentem-se invadidas de imensa tristeza ao verificarem como ainda sobe tão vagarosamente essa multidão humana, que se move tão preguiçosa pelos caminhos espinhosos da vida física.

Quando qualquer alma corajosa se destaca dentre essa multidão negligente, lassa e animalizada, hipnotizada ainda aos sentidos da carne, por ser uma criatura que pesquisa, estuda e desata com desassombro as algemas dogmáticas que a isolam do mundo e dos seres, é quase sempre um herói que surge da pobreza, em ambientes atrasados e até enfermos, para se tornar em uma alma caluniada, perseguida ou incompreendida. Não é estranhável que assim aconteça, pois comumente se trata de alma liberta dos dogmas, tabus sagrados ou explorações religiosas, que procura, trabalha, renuncia, estuda e sacrifica-se, certa de que "quando o discípulo está pronto, o mestre sempre aparece."

A riqueza do mundo, que podeis achar muito valiosa para auxiliar aqueles que procuram a segurança e o conforto materiais, torna-se desnecessária onde se dá valor à legítima sabedoria do espírito. Na procura da Verdade, Buda abandona os tesouros da Terra para buscar o entendimento espiritual debaixo da árvore de Bó; Paulo de Tarso troca o pergaminho acadêmico pela rudeza do trabalho de tecelão; Batista emerge do seio das matas e veste a pele rústica do animal selvagem; Francisco de Assis ilumina o século XIII, coberto com um hábito paupérrimo e, finalmente, Jesus nasce junto à manjedoura dos animais mal cheirosos.

PERGUNTA: — E quais foram os principais fatores que mais contribuíram para a vossa tranquilidade espiritual e ausência de medo por ocasião da vossa última desencarnação?

ATANAGILDO: — Conforme já vos informei antes, tudo que ocorreu durante a minha desencarnação não foi além de cinco minutos, tempo em que se processou a minha completa libertação da carne e mergulhei a consciência no provisório esquecimento individual.

Na verdade, foram os meus raciocínios, confortadores e provindos do conhecimento de alta espiritualidade, que me evitaram o terror e o pessimismo, bastante comuns aos espíritos que atravessam a vida material indiferentes à sua própria sorte. É certo que durante a minha desencarnação fui alvo de atenções sublimes, mas não gozei de proteções indevidas, como é comum no mundo material, no seio da política e dos interesses humanos.

Recebi o afeto e a proteção de um grupo de almas ternas e pacíficas, que desejavam tributar-me o seu reconhecimento pelo fato espontâneo de as haver socorrido desinteressadamente quando permaneciam na carne.

PERGUNTA: — Podemos crer que o estudo do espiritualismo pode favorecer-nos bastante por ocasião da nossa desencarnação?

ATANAGILDO: — Acredito, pelo muito que tenho observado, que só uma incessante libertação e renúncia corajosa das ilusões da carne é que realmente nos desatam as algemas das vidas planetárias, assim como nos auxiliam muitíssimo durante as várias desencarnações próprias dos ciclos reencarnatórios.

Recordo-me de que, no heroico esforço de me ajustar à técnica e à ciência espiritualista do mundo físico, inspirado pelo código moral do sublime Evangelho de Jesus, deixei-me explorar, combater, insultar e humilhar, ao mesmo tempo que se enfraqueciam os grilhões que ainda me aprisionavam aos interesses egocêntricos e às paixões ilusórias da matéria.

À semelhança de libélula que, para se libertar, rompe o grosseiro invólucro da lagarta, eu também me esforcei para livrar-me do casulo da carne. A diferença, no meu caso, era que os laços vigorosos que me prendiam à carne eram o orgulho, o amor-próprio, a vaidade, a cobiça, a avareza, a glutoneria e a paixão sensual. Só hoje é que posso dar valor a esse esforço terrível que não só me proporcionou a paz e a alegria na vida espiritual, como ainda me inspira a quaisquer sacrifícios futuros para o bem do próximo. O amor de Deus, que é inesgotável, significa sempre uma doação espiritual para todos, conforme ainda afirmou Jesus nestas singelas palavras: "Batei e a porta se vos abrirá"!

PERGUNTA: — Embora não tenhamos a intenção de vasculhar detalhes íntimos de vossa última existência, mas apenas uma finalidade puramente educativa, gostaríamos que nos explicásseis a coincidência de haverdes ficado noivo, quando a vossa desencarnação prematura iria impedir-vos de realizar esse enlace conjugal. Esse noivado não passou de um acidente muito comum na vida humana ou representou alguma prova cármica e aflitiva para vossa noiva?

ATANAGILDO: — Tornamo-nos noivos graças à grande afinidade espiritual que já cultuávamos desde o Egito, havia mais de três mil anos! Cidália havia atingido os 25 anos e eu os 27, quando nos encontramos, sendo que nessa ocasião ela havia decidido permanecer solteira, a fim de aproveitar o seu celibato para se sublimar no incessante aproveitamento dos estudos esotéricos, teosóficos ou espiritualistas, profundamente interessada, como estava, em solucionar os mais importantes problemas de sua alma. Nesse afã, eu a encontrei num "tatwa esotérico", em cidade próxima à em que vivíamos, onde aventamos, então, a ideia de nos unir pelo casamento para um alto estudo da espiritualidade, libertando-nos de quaisquer dogmas ou compromissos associativos.

Procurei, então, transmitir-lhe grande parte de minha bagagem espiritual e combinamos que, em face das nossas convicções elevadas sobre a razão de vida humana, livrar-nos-íamos das violências passionais e dos conflitos comuns à maioria dos noivados, que se estribam essencialmente na dramaticidade das paixões humanas.

Esforçando-nos para realizar um labor caracteristicamente espiritual, procuramos fugir a inevitáveis desilusões que sempre deixam as emoções prematuramente satisfeitas. Mas, apesar de tudo isso, o nosso casamento não constava como realização indispensável ou cármica em nossa vida terrena, não existindo qualquer decisão do Além a esse respeito. Havia só o determinismo de uma necessária e afetuosa aproximação entre Cidália e eu, laços afetivos que precisavam se fortificar antes de minha breve desencarnação. Havia projetos e importantes programas que combináramos no Espaço, mas eles se referiam unicamente às existências futuras.

Realmente, a minha enfermidade começou a se acentuar à medida que se aproximava a data do casamento. Recordo-me de que muitas vezes Cidália se deixava tomar por estranha melancolia, deixando-me entrever certo pessimismo dela a nosso respeito, sem que ela pudesse lobrigar a "voz oculta" que lhe predizia a impossibilidade do nosso esponsalício naquela existência.

É certo que, em face do nosso livre-arbítrio, nós tanto podemos aumentar como podemos reduzir, na Terra, os encontros e as determinadas ligações que tenhamos projetado no Além, aliviando ou agravando o nosso destino cármico. A Administração Espiritual sempre se interessa por quaisquer acontecimentos que possam proporcionar modificações para melhor, em seus tutelados, assim como os pais se interessam pelos filhos que apresentam indícios de renovação moral. O nosso livre-arbítrio é que cria as situações boas ou más, que depois se transformam em implacável determinismo e no próprio efeito da causa que geramos alhures. Somos livres de agir e semear, mas implacavelmente obrigados a colher o resultado da semeadura.

PERGUNTA: — Quer-nos parecer que a vida humana é um ritmo inflexível de ação e reação em que, graças à severidade da Lei Cármica, não conseguimos efetuar qualquer realização individual sob impulso de nossa vontade. Estamos certos nesse modo de pensar?

ATANAGILDO: — Quando ainda nos encontramos encarnados, normalmente ignoramos o mecanismo completo dos planos seculares, e até milenários, a que muitas vezes nos ajustamos de acordo com as sugestões dos nossos mentores espirituais. Nem sempre a vida humana é uma sequência implacável de ação e reação, sob o domínio absoluto de um carma intransigente e severo; muitas vezes, os acontecimentos que no mundo material são contrários aos nossos desejos e prazeres comuns são apenas partes que constituem um "grande plano", que elaboramos no pretérito e ao qual nos submetemos voluntariamente.

No meu caso, por exemplo, estou ligado intimamente ao plano de apressamento cármico combinado com Ramatís, há alguns milênios, juntamente com outros milhares de espíritos exilados de outros orbes, que tudo fazem para adquirir as qualidades e o padrão vibratório que tanto precisam reajustar, a fim de poderem retornar ao seu planeta de origem. Delineamos um plano severo de trabalho, estudo e cooperação aos terrenos, quando ainda nos encontrávamos no Egito, visando a atividades sacrificiais, que poderão nos auxiliar com mais êxito a obtermos a nossa mais breve alforria espiritual. Desde que se desenvolva com sucesso a execução coletiva desse plano, acredito que ali por 2300, ou até o ano 2400, poderemos nos livrar de encarnações na Terra e retornar ao nosso mundo planetário, do qual fomos exilados assim que florescia a civilização atlante.

Esse grande plano de aperfeiçoamento espiritual combinado por um conjunto de almas que desejam apressar a sua caminhada, também significa um plano cármico, dentro do carma do próprio planeta terráqueo. Em virtude de havermos sido enxotados doutro orbe físico, em face do nosso desequilíbrio espiritual, a Lei Cármica nos situou na Terra, que é de civilização primitiva e de clima geográfico muito mais rude do que o mundo que perdemos.

PERGUNTA: — Todos os sofrimentos, dores ou vicissitudes futuras já estão devidamente previstos nesse plano cármico de que tratais? No caso afirmativo, não poderá ocorrer exorbitância imprevista, durante a concretização desse planejamento elaborado em conjunto?

ATANAGILDO: — Não podemos prever êxitos absolutos, mas sim a esperança de uma libertação mais breve para a maioria dos exilados de nosso planeta. Trata-se do restante do conjunto de espíritos que há muito tempo emigraram obrigatoriamente para o orbe terráqueo, e que já apresentaram bom adiantamento espiritual para habitarem um mundo melhor no princípio do terceiro milênio. Presentemente eles já se desprendem e se emancipam das seitas, doutrinas ou filosofias restritivas e se tornam cada vez mais indiferentes aos preceitos e às convenções escravizantes do mundo material. Diferenciam-se dos espíritos terrenos, porque estes ainda estão agarrados ferozmente aos seus interesses materiais, aos seus postulados religiosos, espiritualistas ou filosóficos, defendendo "verdades particulares", e preocupadíssimos com o labor doutrinário alheio, mas muitíssimo esquecidos de si próprios.

Mas não se pode garantir que, nesse apressamento cármico, todos os seus componentes vençam as derradeiras seduções tolas da vida física, para então envergarem a túnica nova do "filho pródigo" e retornarem ao seu lar planetário.

O nosso plano de ação e reação não exorbita do carma terreno; quanto mais severo for, tanto mais depressa aliviaremo-nos do fardo cármico, engendrado há tantos milênios, e conseguiremos a desejada libertação do plano terrestre. Desse modo, as nossas reencarnações futuras representarão um estudo incessante e o emprego de todas as nossas energias num serviço heroico e sacrificial, em favor dos espíritos da Terra. Aumentamos a responsabilidade do aprendizado terreno e agravamos as nossas vidas carnais futuras, mas em compensação poderemos reduzir o número de reencarnações que ainda faltam para completarmos as derradeiras retificações cármicas.

Em lugar de imitarmos o peregrino, que viaja lentamente pelos caminhos do mundo terreno, admirando-lhe as clareiras, a vargem florida, as colinas polarizadas de azul-violeta, ou que se detém em descanso sob a árvore amiga, preferimos nos transformar no atleta que, em fatigante corrida, renuncia ao encanto da paisagem, a fim de alcançar o mais breve possível o ponto de chegada e receber o prêmio. E somos muitos nessa empreitada heroica, decisiva e esperançosa, à procura da nossa mais breve ventura espiritual e retorno à paisagem de nosso mundo bastante afetivo; comparamo-nos a muitos fios d'água, que tentam convergir harmonicamente para o mesmo leito, a fim de formarem o rio caudaloso e de utilidade comum.

Entre esses exilados saudosos de seu orbe, mais evoluído do que a Terra, existe um elo íntimo, desconhecido dos terrenos e que, conforme no-lo adverte Ramatís, fá-los notarem a sua verdadeira identidade extraterrena e sentirem a estranha melancolia espiritual, que lhes é comum.

PERGUNTA: — Sempre pensamos que o carma é um determinismo absoluto, sem qualquer possibilidade de modificação em efeitos, depois de praticada uma ação má. Não é assim?

ATANAGILDO: — Há um só determinismo absoluto, criado por Deus: é o fatalismo de o animal humano se transformar em anjo.

Com a Lei do Carma, que é a própria Lei do Progresso Espiritual, podem se ajustar e conciliar as deliberações boas dos próprios espíritos, os quais têm o direito de compor agradáveis destinos na sua vida terrena, porquanto o Pai é magnânimo e concede alguns bens antecipados aos seus filhos, desde que haja fidelidade em seus deveres espirituais.

A vontade de Deus não se compara a um mecanismo inquisidor de retificação espiritual; essa retificação ocorre porque os seus próprios filhos titubeam na caminhada e, por isso, precisam retornar obrigatoriamente ao ponto de partida da ascensão espiritual. Se a humanidade que se agita na superfície de todos os orbes suspensos no Cosmo realizasse movimentos absolutamente harmoniosos e vivesse o mais elevado padrão de amor e sabedoria, sem dúvida o carma ou a Lei de Causa e Efeito (ou a ação e reação) também seria um determinismo eternamente venturoso. Entretanto, não se justifica a excessiva dramaticidade com que encarais o carma, pois não passa de um processo normal e ininterrupto, que conduz a centelha espiritual a desenvolver a consciência de si mesma.

Através das peripécias dolorosas, exílios planetários e retornos felizes, os espíritos terminam se enquadrando dentro desse determinismo venturoso, porque, em verdade, é o mecanismo que nos desperta para a Felicidade Eterna. Qual é a natureza essencial do carma, esse determinismo absoluto criado por Deus, senão um meio de proporcionar a Ventura Eterna aos homens?

PERGUNTA: — Mas o certo é que ocorre de fato essa série de sofrimentos, dores e vicissitudes, que não podemos considerar como sendo "momentos venturosos", pois a Lei cármica é implacável durante o reajustamento espiritual; não é assim?

ATANAGILDO: — É certo que as purgações individuais ou coletivas assim se fazem, porque, no decorrer das mesmas, criais movimentos irregulares ou desarmônicos que não se ajustam ao abençoado determinismo do Bem ideado por Deus.

Quando nossas ações começam a gerar discórdias e a dificultar o "determinismo feliz", que é o nosso Carma Cósmico, surgem as reações retificadoras, a fim de que a engrenagem sideral prossiga na sua pulsação rítmica de Harmonia e Felicidade Angélica. Uma vez que sois vós mesmos que perturbais essa venturosa pulsação de equilíbrio espiritual, por que não podeis também intervir nele e elaborar novos planos que melhorem o vosso destino cármico no seio do carma do próprio planeta? O carma do indivíduo está submetido ao carma coletivo da família, ao de sua raça ou do seu planeta; este, por sua vez, está engrenado na pulsação do carma do sistema solar.

Desde que exorbiteis do ritmo normal, venturoso e espontâneo, estabelecido por Deus, tereis que ser retificados por outro ritmo severo e opressivo; ora, se preferis antecipar o "efeito" ou a "reação" que gerastes sobre vós mesmos, no passado, que importa isso ao determinismo absoluto de Deus, que sempre é Ventura? Importa a vós mesmos; não é assim?

PERGUNTA: — Poderíamos saber qual foi o motivo fundamental da vossa aproximação com Cidália, da qual resultou vosso noivado, depois interrompido com a vossa desencarnação? Desde que havia um certo determinismo nesse encontro na Terra, é de crer que deveria existir nele algum outro objetivo secundário; não é assim?

ATANAGILDO: — Indubitavelmente, o meu encontro com Cidália, na minha última existência carnal, não foi apenas uma ocorrência fortuita. Em virtude de nos encontrarmos atuando na mesma faixa vibratória de sentimentos e ideais, embora com certas diferenças, havíamos combinado antes, no Espaço, conjugarmos os nossos destinos já enlaçados no velho Egito, a fim de realizarmos um apressamento espiritual na Terra. De acordo com o seu próprio carma, Cidália deveria se casar, na existência material, mas não comigo, tanto assim que de fato casou-se com outro homem, a quem ela impunha profunda ascendência moral desde o passado secular. Tratava-se de um antigo adversário de vidas anteriores, já agora em via de renovação espiritual, a quem Cidália, com proveito para si mesma, deveria favorecer nos seus últimos esforços de redenção.

Como os ascendentes biológicos da família de Cidália atendem muito bem às disposições orgânicas de sensibilidade nervosa e ao tipo de sistema endócrino de que muito irei precisar em futura reencarnação no Brasil, espero tornar-me seu neto até as proximidades do ano 1970. O esposo de Cidália descende de velha estirpe grega, que tanto forneceu escravos como preceptores à orgulhosa Roma dos Césares e, assim, na figura de meu futuro avô materno, ele muito me auxiliará no contato regressivo à linhagem psíquica da Grécia, que realizarei futuramente e que se evidencia como fundamento da minha atual psicologia.

Acresce, também, que a presença de acentuado ramo da linhagem romana no sangue e no psiquismo do esposo de Cidália, meu futuro avô, despertar-me-á certos impulsos de comunicabilidade, senso artístico e gosto à música, tão característicos da raça italiana. Esse plano, que deverá ser norteado pelo departamento "Bio-Psíquico" de minha metrópole astral, passou a se concretizar exatamente no momento de minha aproximação com Cidália, na última romagem terrena.

PERGUNTA: — Desde que desencarnastes em virtude de moléstia grave, conforme nos dissestes, tendo guardado o leito por determinado tempo e se submetido a um grande sofrimento físico, não indica isso que também tivestes que liquidar algum outro débito passado, de acordo com o que preceitua a Lei do Carma?

ATANAGILDO: — A dor não deve ser encarada assim, de modo tão radical, pois nem sempre é resgate de faltas, mas sim um processo de aperfeiçoamento ou de técnica retificadora, sendo que em muitos casos é apenas o efeito da ação sobre o meio em que o espírito atua. Se considerarmos a dor exclusivamente como resgate de delitos passados, teremos de procurar a origem do sofrimento de todos os animais e mesmo de muitos missionários e instrutores religiosos, que suportam o sofrimento para nos indicar a senda da Verdade.

Embora não esteja expiando culpas do passado, é certo que o cão morre triturado sob as rodas dos veículos; o boi tanto sucumbe nos matadouros como em consequência de moléstias, enquanto os ratos morrem acossados pela peste ou caçados impiedosamente nos cantos sombrios dos velhos casarões. Desde que se admita o Carma como a lei mosaica do "olho por olho e dente por dente", é evidente que teremos de supor que Jesus, pelo fato de ter sido crucificado, deveria estar resgatando delitos do passado!

O pianista que pretende alcançar êxito na sua carreira artística, ou o cantor que deseja a glória do sucesso lírico, sem dúvida, terá que se entregar completamente ao seu treinamento e cultura musical; há de se fatigar inúmeras vezes, vivendo entre as angústias do êxito e do fracasso, sem que tudo isso queira dizer que se submeteu a um sofrimento para resgate de faltas. Há um determinismo, nesse caso, mas é apenas efeito da arte a que o indivíduo se dedicou, a qual, por ser elevada, exige sacrifício, aflições, desconforto e aproveitamento criterioso do tempo.

Qual o sentido da vida material, senão o de um disciplinado experimento, para que o animal seja domesticado em suas paixões grosseiras, dando lugar ao anjo glorioso dos planos edênicos? Através da dor, que tanto atemoriza os seres humanos, opera-se um aperfeiçoamento, pois as formas inferiores terminam adquirindo qualidades superiores. Na dor "mineral", o carbono bruto se transforma em cobiçado brilhante; na dor "vegetal", a videira podada se cobre depois de flores e frutos sazonados; na dor "animal", as espécies inferiores alcançam a figura ereta do homem e, na dor "humana", o homem se transfigura em anjo eterno. Em verdade, tudo isso não passa de um processo benéfico e sublime, disciplinado pela técnica que transforma o inferior em superior.[1]

PERGUNTA: — Já sabíeis, porventura, que na Terra iríeis sofrer consequências além das determinadas em vosso próprio compromisso cármico?

ATANAGILDO: — Conforme vim a saber no Espaço, a minha desencarnação deveria se verificar entre 28 e 30 anos de idade terrestre, para que depois eu pudesse realizar o rápido estudo que ora faço, no Mundo Astral, a fim de obter mais conhecimentos necessários para controlar o meu retorno à Terra, que provavelmente se dará entre 1965 e 1970. Em face das modificações que já se efetuaram no orbe terráqueo, determinadas pelo carma do próprio planeta, o próximo milênio dar-me-á excelente ensejo para que eu possa consolidar as últimas "retificações mentais", a fim de retornar depois ao mundo de onde fui exilado há milênios, quando de sua seleção espiritual, semelhante à que se inicia na Terra.

Enfrentei a morte física diversas vezes e ainda deverei

1 Nota do Médium - Creio que o leitor já percebeu nessa digressão a influência do espírito de Ramatís sobre Atanagildo.

enfrentá-la mais duas ou três vezes, em futuras reencarnações. O modo por que morreria, na minha última existência, ficara adstrito aos ascendentes biológicos da família na qual me reencarnara e, por isso, adquiri aquela enfermidade dos rins, que era mais propriamente fruto das tendências hereditárias da mesma.

Por meio de um processo desconhecido para vós, eu procurei, durante o período de minha enfermidade, drenar um resto de toxinas da minha veste perispiritual. Para isso, o leito do sofrimento me fez demorar o tempo suficiente para refletir sobre a minha vida em exaustão, auxiliando-me no reajustamento das minhas emoções, bem como favorecendo o diapasão vibratório e favorável para um retorno mais equilibrado ao lar espiritual no Além-túmulo.

Felizmente, não desencarnei por acidente ou mesmo por causa de um colapso cardíaco, pois a morte por desprendimento fulminante violenta sempre o perispírito e causa sensações muito dolorosas à alma desencarnada, em face da mudança súbita para o Plano Astral. Só as almas muito elevadas, que na matéria já vivem grandemente afinadas ao Plano Astral superior, com raciocínios poderosos e vontade bastante disciplinada, é que conseguem desencarnar subitamente sem sofrer ou se atemorizar pela mudança tão brusca. Por isso, o modo como desencarnou Jesus, ou Sócrates, resultaria para muitos num acontecimento da mais penosa angústia e desespero no Plano Astral; no entanto, para Jesus, cuja consciência já vivia em contato permanente com o reino espiritual, ou para Sócrates, que aceitou a taça de cicuta como um inofensivo brinde de aniversário, é óbvio que a desencarnação significou apenas a singela operação de abandonar o vestuário denso, desafogando o espírito que já habitava os planos superiores.

PERGUNTA: — É muito comum dizer-se, na Terra, que os grandes sofrimentos ou agonias no leito de morte resultam de grandes culpas do passado. Há fundamento nessa asserção popular?

ATANAGILDO: — Durante a enfermidade demorada, o desencarnante tem tempo de ajustar melhor o seu padrão espiritual, examinando os seus feitos bons ou maus ocorridos no mundo material, enfrentando-os com calma e tempo para deles extrair as melhores ilações de culpas ou de méritos. Isto não lhe seria tão fácil de realizar logo às primeiras horas de desencarnação, em face da grande sensibilidade do perispírito, que reage violentamente ao menor pensamento de angústia ou medo. O leito do moribundo não é o detestado "leito de dor", como o denominam os materialistas e os religiosos iludidos pelos dogmas infantis; ele significa a "antecâmara" da grande viagem, que ainda oferece derradeira oportunidade para qualquer drenação antecipada do psiquismo enfermo, podendo o espírito livrar-se de muito remorso e aflição, no Espaço, por havê-lo corrigido em tempo e ainda na Terra.

Mesmo na esfera dos negócios humanos — quanto ao acerto das obrigações financeiras para com a família que fica, e à orientação espiritual para os descendentes — a alma ainda tem tempo de resolvê-los satisfatoriamente, no curso das longas enfermidades. E isso concorre para se evitar as vibrações tumultuosas que a família confusa e desprevenida emite diante de uma desencarnação prematura, projetando-as em súplica ou queixa àquele que partiu sem se harmonizar com as responsabilidades do mundo.

PERGUNTA: — Gostaríamos de saber qual foi o vosso modo de vida na Terra, a fim de nos inspirarmos no vosso padrão de atividades, uma vez que alcançastes uma situação bastante agradável, no Além.

ATANAGILDO: — Não guardeis essa grande ilusão; não creio que o meu modo de vida, na Terra, possa vos servir de melhor roteiro do que aquele que já nos doou o insigne Mestre Jesus! Com sua vida tão simples e, ao mesmo tempo, tão grandiosa em amor e bondade, ele ofertou-nos a definitiva chave que nos abrirá as portas do céu. O nosso júbilo no Além depende exclusivamente do nosso modo de pensar, sentir e agir no mundo material; mas, sob qualquer hipótese, todo êxito decorre da maior ou menor integração viva no Evangelho de Jesus. Uma vez que a minha relativa ventura, no Espaço, dependeu exatamente da aplicação íntima dos postulados evangélicos em minha vida terráquea, o mais aconselhável e sábio não é que sigais os meus passos, mas que procureis, resoluta e incondicionalmente, a fonte original na qual me inspirei, que é esse admirável Evangelho, o verdadeiro Código Moral de nossa evolução espiritual na época em que viveis.

PERGUNTA: — Quando foi realizado o vosso funeral, sentistes alguma irradiação perniciosa, partida da mente dos vossos acompanhantes?

ATANAGILDO: — Não tive conhecimento do meu funeral, porque perdi a consciência de mim mesmo logo em seguida à minha desencarnação; quando despertei, já me encontrava naquele agradável refúgio astral, que vos descrevi antes. No trabalho sidéreo desempenhado pelos mentores espirituais, são sempre evitados quaisquer acontecimentos que não produzam mais influências ou modificações no íntimo de nossa alma. A minha presença em espírito, ao funeral do meu corpo físico, só seria proveitosa se ainda me fosse preciso avaliar a reação psíquica daqueles que me cercavam no mundo material ou, então, se necessitasse saber da posição mental para comigo, por parte de algum adversário deixado na Terra. Mas eu partia da Crosta sem mágoa ou qualquer diferença vibratória para com alguém, afora certa animosidade para comigo, por parte de Anastácio.

Eu já possuía um grande treino psicológico no contato humano, assim como resgatara com paciência a dívida cármica para com o meu derradeiro adversário do passado. Aquilo que eu poderia aquilatar e concluir durante a realização do meu enterro corporal, eu já o havia conseguido muito antes de desencarnar.

PERGUNTA: — Ainda na crença de que nos poderá ser útil conhecer o teor da vida terrena que vos proporcionou alguns benefícios no Além, gostaríamos de que, ao menos, nos désseis uma ideia dos vossos propósitos gerais cultivados na Terra. Não estaremos sendo indiscretos ou descorteses para convosco?

ATANAGILDO: — Eu sou apenas uma centelha espiritual, cuja vida está intimamente relacionada com os vossos destinos; em consequência, não há descortesia em me pedirdes que relate aquilo que é de nosso interesse e que pode servir de aprendizado educativo. Desde muito jovem, eu já era bastante devotado à filosofia ocultista, profundamente interessado em saber a origem e o destino da alma, e por esse motivo compulsava amiúde todos os ensinamentos oriundos da tradição mística hindu ou dos velhos conhecimentos egípcios. Quando se me abriram clareiras de luz espiritual, principiei a vigiar todos os meus pensamentos e a controlar os meus julgamentos alheios, assim como o domador vigia as feras que pretende domesticar.

Esforcei-me muitíssimo para destruir o germe daninho da maledicência, que nos é tão comum nas relações humanas, constituindo um mau hábito tão disfarçado, que chega a nos lograr inconscientemente. Mesmo quando havia razões lógicas para eu julgar alguém, preferia deixar de lado o assunto e não emitir pareceres antifraternos; vivia despreocupado das histórias pecaminosas e do comentário das mazelas alheias. Afastava-me também do anedotário indecente, evitando rebaixar, quer pela linguagem, quer por pensamento, essa nossa companheira de existência, que é a mulher, que passei a tratar com elevado respeito, vendo-a apenas como filha, irmã, esposa ou mãe. Esse respeito estendi-o mesmo às infelizes irmãs que descambam para as torpezas da prostituição da carne.

Era particularmente simpático e entusiasta para com tudo que propendesse para um sentido universalista e educativo, respeitando o fundo espiritual de todas as religiões e doutrinas sectaristas, embora não pudesse me furtar, de vez em quando, à necessidade de esclarecer os religiosos ainda algemados aos seus dogmas. Esforçava-me para derrubar a extensa mataria religiosa criada pela ignorância humana, sem que com isso procurasse magoar os seus fiéis adeptos. Não me preocupava a ideia de saber quem era o melhor — se o pastor protestante, o sacerdote católico, o doutrinador espírita, o instrutor esotérico ou o teosofista — e reconhecia em todos o esforço para ensinar a humanidade a se encaminhar para Deus.

Sem dúvida, não podia trair os meus novos propósitos no mundo, nem olvidar aquilo que me beneficiara tanto com a paz e a compreensão íntima, motivo por que pregava a Lei da Reencarnação e a Lei do Carma de modo positivo e insistente, transmitindo ao homem moderno novos conceitos que ainda esclareciam e valorizavam a Bondade, o Amor e a Sabedoria de Deus. Também não guardava a ingênua ilusão de me salvar espiritualmente só pelo fato de manusear compêndios de alto ensino espiritualista, na forma de conhecimentos esotéricos, teosofistas, espíritas, rosa-cruzes etc., pois considerava tudo isso apenas como lanternas que muito me poderiam auxiliar no encontro de mim mesmo.

Importava-me, antes de tudo, o estado de harmonia espiritual com todos os meus irmãos, sem me preocupar diretamente com as suas doutrinas e preferências. Nunca tive, também, pretensões ou vocação para "salvar" profitentes de credos, seitas ou religiões, ou defender princípios religiosos entre adversários, na tola vaidade de demonstrar maior conhecimento da Verdade. Acreditava que, discutindo com o meu irmão adverso, de outro credo, eu o desgostaria, o que me parecia bastante anti-evangélico; no entanto, se fosse derrotado nos argumentos aplicados para a defesa do meu sistema religioso simpático, sem dúvida, exporia ao ridículo aquilo que não soubesse defender a contento.

Entendia, como entendo, que "só o amor salva o homem" e não os credos ou filosofias geniais. Embora insaciável no conhecimento, e incessantemente à procura de novos bens do espírito, costumava efetuar íntimas consultas a Jesus toda vez que deparava com um problema de ordem fraterna, religiosa, moral ou desfavorável ao meu irmão. Para mim, foi fácil viver com todos e sentir prazer nessa afetividade incondicional, porque sempre evitei me tornar um sectarista ou intolerante, algo como o prolongamento enfermo de uma doutrina ou religião.

PERGUNTA: — Do que nos dizeis, deduzimos que preferíeis ser um cristão a serdes ligado especificamente a um credo religioso; não é assim?

ATANAGILDO: — Exatamente; mas, muitas vezes, inspirando-me no Cristo, chegava a ter receio de afirmar que era um cristão e guardava o digno propósito de não me diferenciar dos meus irmãos budistas, muçulmanos, taoístas, judeus, hinduístas ou confucionistas que, por uma índole psicológica particular, e, atendendo ao seu clima emotivo, seguem doutrinas anteriores àquelas que se inspiraram nos postulados deixados por Jesus.

Desde que os ocidentalistas eram cristãos por seguirem o Cristo-Jesus, dizia-me a "voz divina" que, para eu estar com todos, deveria antes ser "crístico" e não "cristão", pois enquanto ser cristão é integrar-se com exclusivismo no conjunto dos seguidores do Rabi da Galiléia, ser "crístico" é fundir-se ao princípio do Amor, que é a essência de todos os seres criados por Deus. Sendo o Cristo a segunda manifestação cósmica e indissolúvel do próprio Amor de Deus, aquele que se diz crístico está sempre pronto a se comunicar amorosamente com todos os seres, independentemente da procedência dos postulados religiosos de cada um. Graças a essa minha incessante disposição de afeto incondicional e acentuada despreocupação pelos bens materiais ou preconceitos em moda, a minha desencarnação não produziu choques excessivos na estrutura do meu perispírito, pois já havia logrado certo "afinamento" vibratório, que muito me auxiliou na ascensão para o lugar onde obtive o repouso confortante. E foi esta uma das razões por que também me livrei das situações incômodas do cerimonial fúnebre.

8. Relações entre vivos e mortos

PERGUNTA: — Que pensais do modo por que encaramos a morte do corpo físico; e que dizeis do intercâmbio que mantemos com os desencarnados?

ATANAGILDO: — Na Terra ainda são muito comuns os julgamentos extremistas com referência ao "falecimento" da criatura, assim como há uma grande confusão quanto à nossa verdadeira situação após a travessia do túmulo. Segundo ensinam os teólogos sentenciosos do Catolicismo Romano, a alma desencarnada ou deve obter uma excelente cadeira cativa no Paraíso, ou então, se não sair do Purgatório, há de se transformar em apetitoso assado no braseiro satânico do Inferno. O Protestantismo ainda é mais severo, afirmando que não há Purgatório; a alma ou vai diretamente para o céu ou diretamente para o inferno, onde permanecerá por toda eternidade. Não faltam, também, as correntes espiritualistas demasiadamente complexas, que extinguem o nosso aspecto humano e desorientam os estudiosos, quando apresentam o "Plano Astral" como um cenário povoado por autômatos a viverem entre sombras e imagens virtuais.

No entanto, embora sejam verídicas as situações aterradoras de muitos espíritos lançados nas trevas dos abismos dantescos, mas não eternamente, aqui no Além vivemos de modo racional e rapidamente assimilável pelos desencarnados. Mas é certo que só usufruímos o resultado exato de nossas ações já concretizadas na intimidade de nossa própria alma; gozamos de alegrias e atrativos ou então passamos por vicissitudes e retificações dolorosas, conforme a boa ou má aplicação que na Terra tenhamos dado aos dons da vida espiritual. E por isso somos ainda criaturas acalentando sonhos ou topando com decepções; encontrando alegrias ou curtindo tristezas, mas profundamente humanas e distantes dos extremismos das opiniões que comumente se formulam sobre aqueles que "morreram". Aliás, mesmo entre os espíritas — que formam ideia mais sensata a nosso respeito — ainda há os que nos recebem compungidamente, em suas sessões, entre suspiros e temores, convictos de que baixamos dos "páramos celestiais" ou, como dizem, "dos pés de Deus", enquanto nos cobrem de "graças" sobre "graças".

Outros mais pessimistas, consideram-nos terrivelmente sisudos e severos, certos de que só nos preocupamos em excomungar os pecados dos homens e desejamos toda sorte de castigos para a Terra diabólica, apesar de haver sido criada por Deus.

PERGUNTA: — Temos a impressão de que a morte do corpo físico extingue nas almas o gosto pelos divertimentos e pelo humorismo, tão comuns na Terra. Estamos certos?

ATANAGILDO: — Creio que a convicção da imortalidade do espírito e a certeza de que o futuro é abençoada oportunidade de recuperação espiritual seriam o bastante para que até as almas mais degradadas pudessem se rejubilar mesmo diante das maiores vicissitudes da vida. No entanto, muitos espiritualistas, e até espíritas já convencidos da imortalidade da alma, ainda vivem no mundo com a fisionomia carrancuda e ar solene, espalhando em torno de si injustificável e doentio pessimismo.

É que eles nos imaginam espíritos destituídos da graça comum e natural à vida prazenteira, crentes de que, pelo fato de havermos perdido o esqueleto, estamos transformados em sábios apologéticos ou santos sentenciosos, cujos dignos pendores requerem um ambiente de sisudez. No entanto, que somos nós, os desencarnados? Apenas almas recém-vindas da Terra, que ainda conservam os últimos reflexos de suas vidas atribuladas e entremeadas de tristezas e alegrias, baixeza e sublimidade, loucura e sensatez, irascibilidade e ternura, pecado e santidade, inteligência e ignorância.

E não é raro que o fenômeno se inverta, quando homens e mulheres que, durante o dia, se divertiram a valer com "piadas" maliciosas, anedotário irreverente, conceitos ferinos e pensamentos insinceros e mordazes contra o próximo, reúnam-se à noite, em "concentração especial", visando ao intercâmbio mediúnico conosco? Sob a implacável marcação do relógio, ouvem-nos durante uma hora, de olhos fechados, com profundos vincos de sensatez e reverência na testa franzida, enquanto o pensamento é elevado às pressas, a fim de se garantir um ambiente severo e respeitoso, com um punhado de vibrações contraditórias... Ignoram que de modo algum os homens poderão "erguer" o seu pensamento à última hora, se o mantiveram manietado durante o dia às coisas fúteis e aos objetivos avaros e ignóbeis do mundo; da mesma forma, não sabem que as fisionomias lúgubres e fechadas, durante alguns minutos de espasmódica concentração, nunca poderão compensar a irreverência para com as leis de Deus, praticadas durante o dia.

PERGUNTA: — Quais as vossas sensações como desencarnado, comparando-as às emoções que tínheis no mundo físico?

ATANAGILDO: — Quereis saber como me sinto, neste momento, em relação ao que sentia no mundo que ainda habitais; não é assim? Neste momento, em que o médium traduz o meu pensamento em letras de forma, não me considero um fantasma pingando gotículas de gelo, nem me apercebo das tradicionais e pesadas correntes algemando meus pés, assim como os excêntricos fantasmas londrinos, que ainda têm o péssimo hábito de arrastá-las pelos salões dos castelos medievais da Inglaterra. Ausculto-me, atenciosa e corajosamente; apalpo-me, e que sinto? Sinto-me mais vivo; mais sutilizado nos meus pensamentos e completamente desafogado das minhas aflições físicas.

Comprovo, outrossim, que se me ampliou o coeficiente de ternura, de alegria, de paz e de espontaneidade, que já possuía na Terra; distancio-me do péssimo sistema da hipocrisia humana e me despreocupo da opinião pública a meu respeito. Acredito que esse gozo inefável, que às vezes me arrebata a alma, como em um "êxtase" ou algo do tradicional *samadhi* dos místicos hindus, deve fazer parte daquele estado sublime que Jesus revelou aos homens, dizendo que só veríamos o Reino dos Céus depois que nos transformássemos em criancinhas.

Pelo menos, na esfera em que me encontro, o júbilo toma-nos a alma e sentir-nos-íamos grandemente culpados perante a nossa própria consciência espiritual se pretendêssemos esconder dos demais companheiros a menor partícula de nossos pensamentos e intenções. Vivemos às claras e expomos sem rebuços tudo o que sentimos e pensamos, sem qualquer premeditação ou intenção oculta. Esse nosso estado eufórico e desprovido de dissimulações, que aqui cultuamos, lembra de fato algo de criança instintiva, travessa, mas sincera e espontânea, que age exatamente como pensa.

PERGUNTA: — É evidente, entretanto, que esse comportamento distinto, que nos relatais, decorre do meio em que vos encontrais atualmente; não é verdade?

ATANAGILDO: — Oh! Não! Ele é o resultado exato daquilo que realizei em mim mesmo, através dos milênios já transcorridos, no treinamento de minha consciência; eu sou o edificador deste júbilo e desta paz que me dominam a intimidade, embora deva reverenciar a magnanimidade de Deus, que tanto me doou a vida como o entendimento. Não vos equivoqueis quanto à implacável transitoriedade dos ambientes que vos cercam tanto na Terra como no Além, pois, em verdade, a nossa ventura ou desgraça decorre mais propriamente de nossas realizações íntimas do que dos panoramas exteriores ou da influência do meio.

As "salvações" e as "graças" de última hora, sem o mérito espiritual, só podem ser concebíveis entre os religiosos ainda imaturos de espírito, que ainda se deixam governar por sacerdotes ou instrutores que ainda creem também nas mesmas absurdidades. É evidente que esses religiosos não podem abandonar ainda essa crença insensata, visto que são portadores, ainda, de consciências infantis, motivo pelo qual acreditam piamente nas historietas sagradas, não cogitando de saber se há lógica em seus fundamentos.

PERGUNTA: — Quais os fatores que mais contribuíram para conquistardes essa libertação espiritual e esse júbilo que usufruís agora, no Além?

ATANAGILDO: — Na minha última encarnação, empreendi hercúleos esforços para me libertar definitivamente das fórmulas, vícios, preconceitos e convenções que não só oprimem e dramatizam a vida humana, como ainda algemam o espírito mesmo depois de desencarnado.

Assim, quando me desembaracei do corpo físico, fui atraído para o ambiente vibratório em que atualmente vivo, no qual passei a manifestar, em sua plenitude natural, os sentimentos que já cultivava quando ainda encarnado.

Atravessei a vida física atento e desperto, muitíssimo interessado em empreender mais a minha libertação da forma terrena do que usufruir os prazeres medíocres das sensações provisórias da carne. Mas é evidente que, para nos libertarmos da escravidão do mundo ilusório da matéria, não basta apenas que a criatura se isole num falso puritanismo ou se transforme em monge de qualquer ermida secular; em verdade, pode-se viver na plenitude da existência humana e participar de todas as lutas e sofrimentos alheios, vivendo entre os ambiciosos, os egoístas e os avaros, porém sem ser ambicioso, sem ser egoísta e sem ser avaro. É participar da batalha, mas "não ser guerreiro", como ensinam os aforismos orientais; é viver tanto quanto vivem os outros, mas sem competir, sem desejar e sem se escravizar às seduções da forma.

É ter vida espontânea, por amor à obra; é fazer doação incessante de sua própria luz, para dar lugar a maior cota da Luz Eterna, do Criador!

PERGUNTA: — E como vos sentis, atualmente, quando comparais o vosso corpo ao corpo material que deixastes no túmulo terrestre?

ATANAGILDO: — Quando encarnado, eu carregava

65 quilos de carne, nervos e ossos pelas ruas barulhentas da capital paulista, fardo esse que constituía o meu corpo físico, sempre repleto de exigências e vulnerabilidades para com o meio. Todos os dias precisava ensaboá-lo e vesti-lo, arranjando-lhe o necessário combustível, que ele sempre consumia com visível insatisfação animal, desejando sempre coisa melhor... Mas é preciso, apesar disso, sermos gratos para com a matéria, pois ela sempre se demonstra benévola em qualquer circunstância de vida humana, operando para a mais breve liquidação do fardo cármico que costumamos trazer do passado.

Os meus pecadinhos menores, que ainda sobejavam, acredito que os paguei carmicamente na cadeira do dentista; os que ainda restavam, eliminei-os suando por todos os poros nos dias equatorianos, ou então batendo os queixos e tiritando de frio sob a garoa paulista. Durante o dia, era obrigado a fazer entrar o meu corpo em toda espécie de veículos circulantes, a fim de levá-lo às zonas de trabalho profissional, fechando os ouvidos aos desaforos dos condutores e cobradores irascíveis; à noite, tinha de trazê-lo de volta para o necessário repouso no leito modesto do lar suburbano.

Normalmente, era candidato ao suicídio por entre as ruas da turbulenta São Paulo, realizando as mais perigosas acrobacias entre ônibus e bondes, automóveis e bicicletas, afobando-me para atingir os passeios protetores, imitando alguém que tivesse de atravessar a selva bruta sob a perseguição de um bando de animais ferozes.

No entanto, de que modo vivo agora? Basta pensar vigorosamente num dado ponto do vosso globo, ou mesmo em qualquer zona do Astral que circunda a Terra, para então me transportar para ali com a velocidade do pensamento, como costumais dizer aí na matéria. E esse trajeto eu faço mais rapidamente do que o faz o último avião a jato produzido pela ciência terrestre, pois atinjo o objetivo desejado imediatamente após a minha vigorosa intenção. E tudo isso posso realizar sem os suores do calor terrestre e sem os afogamentos respiratórios do corpo físico, assim como não estou sujeito aos desastres comuns e aos perigos assustadores dos transportes terrenos.

PERGUNTA: — Gostamos do modo franco e sem malabarismo de palavras, com que nos dizeis as coisas; isso nos auxilia a compreendermos melhor as próprias relações entre "vivos" e "mortos".

ATANAGILDO: — É indubitável ser culpa ainda dos encarnados essa deficiência nas relações espirituais conosco, porquanto, de nossa parte, tudo temos feito para remover os obstáculos tradicionais no intercâmbio proveitoso com o nosso lado. Já tive ocasião de vos dizer que não somos fantasmas de amedrontar crianças, nem santos de olhares estáticos para as nuvens, para não estremecerem, aterrados, ao olharem o ambiente "impuro" do mundo material.

É evidente que, se Deus vive imanente em tudo aquilo que criou, há de palpitar no próprio ambiente "impuro" da matéria, salvo se existe outro Deus, que eu não conheço. O desregramento e a impureza não passam de estágios evolutivos para a formação de consciência individual do espírito, ainda imaturo em suas faculdades racionais. Eis por que acho bem melhor evitardes tantas mesuras e pragmáticas nas vossas relações com o Além-túmulo, eliminando-se a ideia de castas siderais, para nos prestarmos socorro mútuo, a favor de nossa felicidade futura.

Há um provérbio popular que diz: "Tanto aqui como lá, muitas coisas se sucedem", e que pode se aplicar à nossa vida astral, quando certos fenômenos parecem se inverter e situar-se dentro do prosaísmo da vida humana. Quando vos sentis sobrecarregados de fluidos maus, dos espíritos atrasados, mal sabeis que aqui ocorre a mesma coisa quando alguns espíritos rogam-nos a esmola de um "passe" benfeitor, a fim de poderem exterminar os fluidos pesados que lhes aderiram à epiderme etérica, em virtude da imprudência de escutarem ou se intrometerem em certas conversas dos encarnados....

Daí, pois, a franqueza e espontaneidade com que vos digo as coisas, pois os nossos defeitos e virtudes cultivados no mundo também podem vicejar em torno de nós, embora estejamos aureolados pelas luzes do entendimento espiritual.

PERGUNTA: — Supomos que a crença na imortalidade da alma e a familiaridade das comunicações mediúnicas com os espíritos desencarnados têm contribuído bastante para a melhoria das relações entre "vivos" e "mortos"; não é assim?

ATANAGILDO: — Pelo que tenho observado do lado de cá, essas relações ainda parecem bem precárias e distantes da espontaneidade, compreensão e lógica tão desejadas pelos desencarnados sensatos. Na Terra, ainda persiste o tabu de que espírito desencarnado é fantasma de histéricos ou, então, um indivíduo verdadeiramente sádico, ardendo em desejos de atormentar a família terrena. Tenho ouvido reclamações de bondosos velhinhos desencarnados, que lamentam o fato de, ao serem vistos ou percebidos pelos seus filhos ou netos encarnados, terem o desprazer de os ver botarem a boca ao mundo clamando que lhes saiam de casa e voltem para as suas sepulturas silenciosas.

Claudionor, amigo meu e paulista quatrocentão, muito custou a se conformar com o que lhe aconteceu dentro do próprio lar terráqueo, quando pretendeu visitá-lo e matar a saudade de sua parentela terrena. A sua família remanescente é ainda visceralmente católica e não acredita em sobrevivência de almas à "moda espírita", em que o espírito desencarnado continua com as suas maneiras e inclinações humanas. Ela só admite uma ideia: ou o visitante é santo, apresentando-se em divino êxtase, nimbado de luz, voz melíflua e faces angélicas ou, então, só pode ser o próprio diabo fingindo-se de parente! Ardendo em saudades, Claudionor abraçou efusivamente sua filha menor, mas esta — que, embora ainda ignore a sua faculdade, é médium em potencial e de futuro desabrochamento — quando foi tomada pela grande emoção de ver o pai desencarnado, instintivamente exsudou algo de ectoplasma que, sendo força nervosa, foi atingir descontroladamente um rico vaso de porcelana, que se espatifou no soalho, quase desintegrado. A esposa de Claudionor, num relance intuitivo, lobrigou-o e bradou aos demais que ali estava o espírito do marido, a fazer estrepolias, o que pôs a família toda em polvorosa para espanto e angústia do meu querido amigo paulista! ... E ele ainda se mantinha lacrimoso e abatido pelo acontecimento, quando entrou afobadamente na casa o vigário local para enxotá-lo do lar a força de água benta e de excomungações intempestivas! ...

Eis o grande melodrama da morte: os nossos parentes gritam, enlouquecidos, sobre o nosso caixão mortuário mas, depois, fogem espavoridos quando tentamos comprovar-lhes que, além de estarmos vivos, ainda os amamos como sempre. Jesus tinha muita razão, quando se queixava amargamente: "Vim para o que era meu, e os meus não me receberam!"

PERGUNTA: — Acontece, entretanto, que, quando nos comunicamos com espíritos sábios ou de certa elevação, tememos desrespeitá-los, assim como ficamos em dúvida quanto às suas verdadeiras simpatias para conosco.

ATANAGILDO: — Mas é tempo de enfrentardes a realidade espiritual, cujo desconhecimento sempre lamentamos do lado de cá, depois que deixamos o fardo carnal. Uma vez que somos oriundos da mesma Fonte Criadora e estamos à procura da mesma Verdade — assim como percorremos a mesma estrada sonhando com a Ventura Eterna — convém que mutuamente nos informemos da natureza do caminho, ou da existência de algum atalho proveitoso, assim como raciocinemos, em conjunto, sobre as recomendações e advertências que nos fazem os amigos que seguem à frente da caravana. Além de se dispensarem as exigências de muitas cortesias para conosco, porque somos peregrinos ligados pelos mesmos interesses, é mister que evitemos semear urtigas no caminho, que nos ferem na competição coletiva pelo mesmo objetivo que é de todos.

Embora estejamos desencarnados, a nossa vida tem algo de parecido com muitas perspectivas da Terra, pois ainda não decantamos todo o lodo do nosso perispírito, nem podemos abandonar de pronto o cortejo comum de nossas aquisições humanas. Desde que nos mantenhamos ligados pelos elos eternos do coração, poderemos dispensar as convenções provisórias, as quais se constituem em paredões pesados, que impedem o fluxo natural de nossa bondade e do amor latente no âmago de nossas almas.

PERGUNTA: — Entretanto, sob o nosso fraco entendimento, ainda pensamos que a maturidade espiritual também traz a sisudez, a circunspeção ou as atitudes ponderadas e severas dos homens de valor; não é assim?

ATANAGILDO: — Tomai por exemplo o que acontece convosco: porventura, apreciais mais o ambiente pesado, as vozes sentenciosas, o constrangimento e a desconfiança da etiqueta convencional do mundo? Ou preferis a alegria espontânea, o riso leal, sincero e despretensioso? Em nossas comunidades espirituais, o riso e a alegria são sinais de uma vida sem remorsos e desafogada de quaisquer preconceitos sisudos do mundo pessimista.

Rimo-nos bastante e fazemos humorismo acerca de nossas próprias existências pretéritas, assim como aí na Terra chegais a fazer piada de vossos sustos e das situações perigosas por que já tendes passado. Muitos desencarnados que, mesmo no Além, ainda não perderam a sua vaidadezinha, são alvo de caçoadas fraternas, por terem sido marqueses, ministros de estado ou imperadores, precisando voltar à Terra como lixeiros, lavadores de pratos ou zeladores de sanitários... Já imaginastes qual a surpresa da mulher que passou pelo vosso mundo temendo enfrentar até o olhar da infeliz decaída e que, ao retornar para o Astral, vem a saber que o seu passado também foi um rosário de prostituições?

PERGUNTA: — Cremos que o Espiritismo tem sido de bastante utilidade nesse esclarecimento espiritual, pois tem desfeito muito mito e tabu "sagrado", que tanto desfiguravam a realidade espiritual; não é assim?

ATANAGILDO: — Sem dúvida, o Espiritismo tem rompido muitos grilhões da escravidão religiosa, esclarecendo sensatamente a humanidade terrena sobre os dogmas infantis e superstições absurdas, que tanto têm anuviado a figura heroica e espiritual de Jesus. Mas é preciso, além disso, que os espíritas se esforcem, continuamente, para abandonar a preocupação doentia de quererem "salvar" a doutrina, ao mesmo tempo que permanecem tão distantes das práticas cotidianas dos seus postulados evangélicos. Há que também libertar os "centros" da sua herança idólatra: sem dúvida, devem se entregar a trabalhos e relações espirituais de alto nível, mas sempre fugindo à perigosa tentação de endeusamento de espíritos e fabricação de "santos sem coroas", pela qual se deixam dominar muitos adeptos escravos do "guiísmo" (ou seja, submissão a espíritos atrasados que se arvoram em "guias") esquecidos de que a experimentação individual é lição necessária à vida de todos os homens.

A história religiosa vos conta dos grandes fracassos ocorridos quando a ideia espiritual, transmitida do Alto, fica demasiadamente sujeita às interpretações contraditórias dos homens. O cristianismo singelo, de Jesus, transformou-se, por isso, na organização faustosa de hoje, de pouco proveito para o homem-espírito, pois foram criadas distinções hierárquicas, demasiadamente humanas, entre os seus trabalhadores até então ligados pela mesma responsabilidade à ideia central crística. Em seguida, estabeleceram-se cerimônias de adoração aos "santos", que nada mais fizeram do que cumprir os seus deveres particulares e se livrarem das responsabilidades para com as suas próprias consciências, assumidas no pretérito. Finalmente, firmaram-se contratos interesseiros com os poderes públicos e acordos políticos com o mundo profano, os quais, por si sós, bastam para matar qualquer ideia de paz, dignidade e renúncia espiritual. Depois, então, criaram-se rituais e liturgias para impressionar os "fiéis" e ergueram-se templos, que absorvem as economias da comunidade pública e religiosa, entronizando-se o Jesus pobre, com as características de um rico milionário, em um recinto luxuoso, bem diferente da humilde casinha em que ele nasceu e da modesta vivenda de Betânia, onde ele costumava descansar de suas fadigas.

9. A desencarnação e seus aspectos críticos

PERGUNTA: — No momento em que desencarnamos, aparecem junto de nós espíritos amigos ou de parentes, que nos amparam e nos assistem nessa hora aflitiva?

ATANAGILDO: — Sem dúvida! Pondo o caso em vós mesmos: que faríeis, se já estivésseis desencarnados, ao saberdes que determinado filho, amigo ou ente muito querido se encontra no limiar da porta do Astral?

Quando aqui chegardes, haveis de notar como são muitos os tropeços e as dificuldades que se antepõem à maioria dos desencarnados, principalmente as perigosas ciladas e as influências maléficas que os espíritos diabólicos semeiam no caminho do Além, e que ameaçam os recém-vindos da Terra. Como não podemos prever, com exatidão, quais serão as reações psíquicas de nossos parentes na hora delicada em que tiverem de abandonar o corpo físico, somos obrigados, às vezes, a solicitar a presença das entidades mais elevadas, a fim de que nos ajudem a proteger os nossos entes queridos na travessia do túmulo.

PERGUNTA: — Então, ficam sempre asseguradas a proteção e a segurança daqueles que partem da Terra, por meio dessa assistência benfeitora que os parentes e amigos, do Além, prestam aos seus familiares desencarnados?

ATANAGILDO: — Isso depende muito do cabedal de

virtudes do espírito desencarnante e do modo como ele haja vivido na matéria, porquanto, em geral, os encarnados obedecem mais ao instinto das paixões animais do que à razão espiritual; pouco a pouco se deixam envolver pelas sugestões melífluas dos malfeitores das sombras, que do Além lhes preparam antecipadamente o perispírito, de modo a que melhor se sintonize com as suas vibrações maléficas, após a morte do corpo de carne. São poucas, ainda, as almas que na existência física se esforçam por viver os ensinamentos salvadores do Evangelho, já crentes de que os sacrifícios e as vicissitudes, suportadas na matéria, hão de lhes garantir a libertação espiritual no reino do Além-túmulo.

Bem sabeis que, mesmo quando vos encontrais na Terra, a vossa segurança e proteção muito dependem dos tipos de amizades que escolheis. Sem dúvida, não podereis contar com uma amizade sincera por parte de um grupo de malfeitores a que vos ligardes, pois é óbvio que, em se tratando de homens egoístas e rancorosos, que ainda não puderam conseguir nem ao menos a sua própria segurança, de modo algum poderão dispensá-la a outrem. Os encarnados que se descuidam de sua responsabilidade moral também cultivam afeições menos dignas, no lado de cá, impermeabilizando-se para com os incessantes apelos dos seus "guias" ou "anjos de guarda". É indubitável, pois, que tais criaturas, em seguida à morte corporal, terão que ser recebidas no Astral por sombria comissão das trevas, que há de exigir os direitos de propriedade que já exerciam em tais espíritos, quando estes ainda habitavam o mundo material.

Assim sendo, a proteção tão necessária e desejada, à saída do túmulo, dependerá fundamentalmente do padrão espiritual que tiverdes cultivado em vós mesmos; cada ser se eleva acionado pelo seu próprio dinamismo angélico, embora não deixe de receber o amparo justo dos amigos e parentes, que muito o auxiliam a encontrar o seu ambiente eletivo do Além.

PERGUNTA: — Consegue o espírito abandonar com facilidade o seu corpo físico, logo em seguida ao ser considerado "morto" aqui na Terra?

ATANAGILDO: — Há dois fatores muito importantes que, não só perturbam os encarnados na hora derradeira, como ainda lhes impõem sérias dificuldades, para retê-los por mais tempo junto ao cadáver, mesmo depois de considerados "mortos" pelo atestado de óbito. Um deles é o proverbial "medo da morte", ainda muito comum entre os povos ocidentais, infelizmente bastante ignorantes da realidade espiritual e da imortalidade da alma; o outro advém dos clamores dos parentes que, em seu desespero e ignorância, terminam por imantar o moribundo mais fortemente ao seu leito de dor, dificultando a libertação do seu espírito.

Não basta que os homens tenham sido brilhantemente educados em famosas academias, ou que possuam aprimorada cultura científica acumulada em muitos anos de estudo, pois, apesar disso, eles geralmente valorizam demais o cenário do mundo material e confundem o verdadeiro sentido da vida do espírito imortal com os efeitos transitórios da existência física. Assim, quando defrontam com o terrível momento da "morte", em que a vida corporal se esvai sem qualquer possibilidade de ser retida pelos recursos humanos, o medo lhes toma o cérebro e então eles se apegam, desesperados, aos últimos resquícios de vitalidade, demandando mais tempo para serem desatados os derradeiros laços da existência terrena.

PERGUNTA: — E isso não pode também suceder com as próprias almas benfeitoras, que tenham sido devotadas às práticas religiosas?

ATANAGILDO: — Mesmo algumas almas benfeitoras — embora não tenham se escravizado completamente às sensações da carne — ainda podem prolongar o tempo necessário para a morte do corpo físico, pois o seu tremendo pavor da morte e a inconformação com a cessação da vida carnal terminam por encarcerá-las no vaso em agonia.

Em sentido oposto, há as que, embora não sendo benfeitoras, não temem a morte e chegam mesmo a enfrentá-la com desdém; no entanto, demoram em se libertar do corpo, porque, se conseguem romper as algemas do medo, não conseguem, entretanto, lograr o mesmo com os grilhões vigorosos das sensações e paixões inferiores, a que tanto se algemaram na matéria.

E com esse medo da morte e apego condenável às satisfações provisórias da carne, a criatura copia a figura do molusco encolhido de medo em sua concha, pois não quer abandonar o corpo já em estado lastimável, enquanto se impermeabiliza às vibrações da vida superior e deixa de auxiliar àqueles que devem lhe desatar os laços que a prendem à matéria. Quando se reconhece no soar da hora derradeira da vida física, ao invés de firmar a mente ao convite libertador do espírito, prefere atender ao apelo incisivo do instinto animal, que luta encarniçadamente para impedir que a centelha espiritual lhe fuja à ação vigorosa e dominadora.

PERGUNTA: — Como poderíamos entender essa pressão exercida pelos parentes do moribundo, na hora de sua desencarnação, obrigando-o a lutar contra a morte do corpo?

ATANAGILDO: — O confrangimento, o desespero e a inconformação dos familiares e amigos, em torno do agonizante, produzem filamentos de magnetismo denso, que imantam o espírito desencarnante ao seu corpo material, como se se tratasse de vigorosas cordas vivas a susterem a alma em agonia. Conforme podereis comprovar pela extensa literatura espírita, há casos em que os espíritos assistentes dos desencarnantes procuram neutralizar esses efeitos perniciosos, lançando mão do estratagema de restaurarem as forças magnéticas do agonizante e fazendo o seu organismo físico obter visível recuperação de vida. Ante a melhoria súbita — que é muito comum nos fenômenos da agonia — acalmam-se os temores dos familiares e cessa a angústia que retinha o espírito no corpo carnal; abrandam-se ou extinguem-se, então, os fios magnéticos que imantam o moribundo à carne, porque as mentes dos presentes também deixam de produzir essas forças magnéticas negativas e agrilhoantes, que resultam de grande ignorância espiritual dos encarnados a respeito do fenômeno da morte corporal e da imortalidade do espírito. Essa súbita convalescença na hora da agonia, muito comentada na Terra, é que deu lugar ao velho rifão: "Melhora do moribundo, visita da morte!"

PERGUNTA: — Mas não é justo, então, que os parentes e amigos do enfermo se angustiem ante a partida definitiva daquele que lhes era tão caro ao coração? Há, porventura, deslize espiritual nessa imantação da família ao seu ente querido nas vascas da agonia?

ATANAGILDO: — Tudo depende do modo como encaramos essas coisas da vida em comum, ou seja, do ponto de vista em que nos colocamos. Convém refletirdes que, enquanto para os encarnados a morte do seu familiar significa tragédia insuperável e drama pungente, o mesmo acontecimento, para os seus parentes já desencarnados do lado de cá, transforma-se num fato jubiloso, pois, em verdade, trata-se de um ente querido que retorna ao seu verdadeiro lar, no Além. Então, invertem-se os papéis, pois o confrangimento do mundo físico passa a ser motivo de alegrias no Mundo Astral. Enquanto os moradores do vosso orbe ignorarem a verdadeira finalidade da vida humana e a imortalidade do espírito, ainda hão de chorar inúmeras vezes, assim como já têm chorado noutras existências.

Quantas vezes já choraram por vossa causa em outras encarnações, cada vez que o vosso espírito teve de abandonar o seu corpo físico. Já fostes pranteado sob as vestes egípcias, hebreias, gregas, hindus ou europeias; alhures para se obedecerem a determinados ritos fúnebres usados por certas raças exóticas, colocaram alimentos e objetos dentro de vossos caixões mortuários ou sobre as lápides tumulares do vosso cadáver; doutra feita, apenas algumas flores singelas ornamentaram as cruzes solitárias de vossas sepulturas. Algumas vezes, em vidas mais ricas, o vosso cadáver transitou pelas ruas no caixão luxuoso, forrado com sedas riquíssimas e ornado de franjas douradas, submerso no fausto das flores raras, hospedando-se definitivamente no mausoléu suntuoso; no entanto, em outras vezes, algumas almas amigas tiveram que carregar o vosso corpo hirto, seminu, coberto com repulsivos trapos que mal cobriam vossas carnes frias. Enquanto em certas existências a terra fria vos deu sepultura amiga, também vezes houve em que os animais ferozes ou os urubus famintos se encarregaram de vos devorar o corpo tombado só, na mata virgem.

Há quantos milênios, no círculo de vossa família espiritual, composta às vezes dos vossos próprios adversários de outras encarnações, obrigados a fazerem parte de vossa parentela consanguínea, não tendes cultivado o choro e o sofrimento angustioso, pelo paradoxo de uma morte que é imortal?

PERGUNTA: — Em nossa atual compreensão espiritual, a morte ainda significa para nós um acontecimento tétrico e desesperador; pois, não sabendo seguramente que destino tomarão os nossos entes queridos que partem daqui, é muito justo que nos desesperemos. Essa nossa dúvida e angústia não serão produtos naturais de nosso estado evolutivo, ainda tão precário?

ATANAGILDO: — Sim, pois nos planetas mais avançados a morte corporal de seus familiares é considerada um acontecimento mais feliz do que o próprio nascimento de um filho ou neto. E isso porque a alma que se encarna tem de se defrontar com a grave responsabilidade da sua retificação espiritual, sem que ninguém possa predizer, com segurança, de que modo ela irá se portar na nova e severa experimentação física. Quantas vezes o bebê querido, que sorri no berço material, não passa do envoltório disfarçado de um futuro Nero, Torquemada, Lampião ou Calígula. Quem poderá negar que naquele corpo tenro e rosado, que inunda o lar de novas alegrias, pode se encontrar a alma perjura do futuro, ou então o vosso algoz implacável, que no passado já vos destroçou a ventura humana.

Quais os pais que poderão confiar, sem receio, em que, após o crescimento do organismo tenro e adorado do seu rebento querido, ele há de retribuir o carinho e os cuidados que lhe foram dispensados, como um tributo sagrado, do filho amoroso para com os seus progenitores que tanto se sacrificaram por ele. Quem poderá adivinhar, de início, que num berço infantil repousa uma entidade degenerada, cruel ou prostituída, em lugar do espírito angelical tão desejado para fazer parte do lar.

Entretanto, na hora da desencarnação, embora se despeça um espírito amigo e deixe inconsolável mágoa nos corações afetivos, já podeis conhecer o seu caráter e avaliar os frutos de sua existência terrena, porquanto ele retorna após uma tarefa boa ou má, porém terminada. Sem dúvida, o mais sensato não é chorar o ente querido que parte, mas sim tomar-se de sérias preocupações por aquele que chega... As lágrimas humanas só deveriam ser derramadas pelo morto em virtude da conduta desregrada com que houvesse vivido, pois a morte, em sua feição material, é coisa bem secundária na eternidade da vida do espírito.

PERGUNTA: — Não discordamos de vossas considerações, mas achamos dificílimo dominarmos a dor nessa hora cruciante em que nos separamos definitivamente daquele que já se integrara aos nossos momentos felizes e às nossas angústias no mundo físico.

ATANAGILDO: — Esse vocábulo, "definitivamente", bem diz do quanto vos encontrais ainda distantes da realidade espiritual da morte do corpo físico. Não há separação absoluta; o que há é que o espírito devolve à terra a sua vestimenta carnal usada e imprestável, que lhe fora cedida para o rápido aprendizado de alguns lustros terrenos. É fora de dúvida que, apesar dos clamores, por maiores que sejam, dos familiares desesperados, é impossível reterdes o espírito desencarnante por meio desse violento recurso aflitivo. Pelo que me foi dado observar durante a minha própria desencarnação, os gritos, as angústias e os sofrimentos atrozes de meus parentes, debruçados sobre o meu corpo hirto, não puderam salvar-me da morte, nem conseguiram, sequer, aliviar-me da aflição da agonia. Em verdade, só serviram para agravar as minhas aflições desencarnatórias.

Retornando ao Além, comprovei que esse drama desesperado, desenrolado ante o agonizante, só lhe dificulta a libertação do espírito, assim como o confrange e animaliza na captação mórbida das cenas dramáticas em torno de si. Tenho visto alguns moribundos se conservarem num estado de angústia inenarrável, visto que, quando já se encontram a caminho da libertação definitiva, satisfeitos com o alívio dos atrozes sofrimentos físicos, eis que os familiares novamente os enlaçam pelos invencíveis filamentos magnéticos de imantação, produzidos pelos clamores e súplicas arrebatadas.

Então, ainda presos às malhas escravizantes da vigorosa rede magnética, veem-se obrigados a assistir às lamúrias, aos gritos e aos desesperos que eclodem em torno de si, na mais cruciante imobilidade de seus corpos hirtos e indesejável aguçamento da audição psíquica. Pela maneira com que os ocidentais ainda encaram o fenômeno "nascer" e o acontecimento "morrer", compara-se que eles perdem consideravelmente para os chineses e para certos silvícolas ignorantes e sem os requintes da cultura civilizada. Estes se mostram bem mais esclarecidos que os civilizados, pois choram compungidamente quando lhes nascem os filhos e festejam ruidosamente a morte dos seus entes queridos. Embora isso vos pareça bastante chocante, há um profundo senso de sabedoria instintiva nesse acontecimento, em que o chinês e o bugre, instintivamente, reconhecem que nascer é mais trágico do que morrer.

PERGUNTA: — Sob qualquer hipótese, então, o desespero da parentela é sempre prejudicial ao espírito na hora da "morte"; não é assim?

ATANAGILDO: — É tão prejudicial ao desencarnante essa ligação afetiva, que se estabelece através dos laços do magnetismo confrangedor dos seus familiares, que, em certos casos, alguns espíritos de reconhecida estirpe espiritual chegam a combinar que algumas desencarnações se verifiquem durante o sono ou então longe da família, a fim de que os indivíduos possam morrer "sossegados". Daí as grandes surpresas, de última hora, com os desenlaces súbitos à distância do lar, ou notados quando a família acorda, em que o desespero da parentela só eclode depois que o espírito já se encontra livre dos laços da vida física.

PERGUNTA: — Porventura, quando verificarmos que um amigo ou parente já se encontra moribundo, devemos nos desinteressar de quaisquer providências para não o retermos mais tempo entre nós? Devemos deixar o enfermo sem a intervenção socorrista da própria medicina terrena?

ATANAGILDO: — Não há que censurar a continuação da intervenção médica, que providencia todos os recursos viáveis para salvar o moribundo, pois geralmente é ele mesmo quem mais deseja sobreviver. O que é censurável é o fato de que nem sempre o melodrama da morte identifica um conteúdo emocional, sincero, para com o doente. Não raro, os parentes que demonstram mais aflição na tentativa de curar a moléstia "incurável" do seu familiar são os que mais o bombardeiam com raios de hostilidade durante a sua última chama de vida, mal podendo esconder a esperança de fazê-lo descer à tumba o mais depressa possível. Assim como alguns parentes e amigos emitem esses fios de magnetismo aflitivo, dificultando o desligamento definitivo do corpo, ao desencarnante, outros há que lhe atiram setas envenenadas, embora suas faces estejam lavadas por lágrimas e seus gritos sejam os mais estridentes. O homem que possui vastos patrimônios materiais raramente consegue partir da Terra sob o unânime sentimento de pesar e choro sincero de sua parentela carnal. E os motivos são bem razoáveis para essa contradição, pois a família terrena é geralmente constituída por espíritos adversos, que mal se suportam sob as mesmas algemas consanguíneas. Daí, pois, justificarem-se as variadas atitudes mentais e os sentimentos divergentes que eclodem junto ao leito do moribundo, quando os seus patrimônios materiais podem acender os mais condenáveis desejos e cobiça entre os seus familiares, ao entreverem a divisão da herança.

De modo algum me cumpre dar-vos conselho para que abandoneis os vossos doentes sem o socorro médico, apenas porque já percebeis a sua morte irremediável. Longe de mim assumir essa responsabilidade para convosco ou mesmo interferir simples ou draconianamente nos vossos sentimentos. Embora um copo d'água, cedido de boa vontade, já tenha ressuscitado muito moribundo desenganado, quantas vezes a sala cirúrgica, aparelhada com os melhores instrumentos do mundo, tem fracassado diante de um singelo surto de apendicite. Indubitavelmente, podeis continuar a socorrer os vossos enfermos familiares, mesmo que os considerem desenganados; mas é óbvio que isso não vos fará ganhar o céu, nem vos levará ao inferno, assim como também não salvará o enfermo, se a Lei do Carma já o tiver assinalado para a morte...

Em suma: a desencarnação tem caráter muitíssimo particular; cada um colhe exatamente aquilo que semeia no tempo exato e previsto pela Lei, embora a tenha subestimado.

PERGUNTA: — Quereis dizer, também, que, independentemente de nossa intervenção, o doente pode salvar-se, se isso for determinado pelo Alto; não é assim?

ATANAGILDO: — Desde que o moribundo deva continuar a sua existência terrena, e que o susto da morte lhe sirva de lição para que abandone certos desregramentos no mundo material — não tenhais dúvida — ele há de se salvar, mesmo que só por meio de um modesto chá de camomila. Mas, se houver chegado o momento em que deve abandonar o vestuário de carne no almoxarifado da Terra, ele desencarnará, mesmo que o transformeis num paliteiro de agulhas hipodérmicas, num excelente caldo de cultura de antibióticos, ou o espeteis continuamente para receber soros ou transfusões de sangue alheio. Embora o coloqueis numa tenda de oxigênio ou o façais engolir caroços de vitaminas concentradas, se lhe houver soado a hora cármica, há de deixar de respirar, malgrado a força da vossa fé e a esperança nas providências divinas. E isso porque a providência divina, que durante longos milênios disciplina e fiscaliza a consciência do ser, vem a ser a própria Lei Cármica, que nunca pode ser subestimada ou perturbada.

Só depois de terminado o serviço dos espíritos desencarnadores — que o mundo terreno simboliza na figura da temida "Parca" que corta o fio da vida — é que vos lembrais da providência divina e dizeis: "Deus quis assim!" A Lei do Carma não toma conhecimento de pedidos ou de apelos que contrariam o programa aqui estabelecido antes da encarnação. Só aqueles que fogem da vida pela porta do suicídio, ou então são expulsos da carne pelos excessos pantagruélicos ou abuso das sensações inferiores, é que aportam por aqui antes do tempo marcado pelo serviço espiritual de recrutamento, causando justificadas surpresas e preocupações à parentela desencarnada.

10. Influências do "velório" sobre o espírito

PERGUNTA: — Há fundamento na afirmação de que o caráter das conversações mantidas durante o "velório", por amigos ou visitantes do "morto", pode influir favorável ou desfavoravelmente sobre o seu espírito?

ATANAGILDO: — Após a minha desencarnação — o que já tive ocasião de vos contar —, mesmo depois de já haver alcançado o repouso espiritual na metrópole do Grande Coração, ainda fui vítima das vibrações agressivas partidas dos comentários insidiosos que Anastácio emitia a meu respeito. Imaginai, agora, o terrível efeito de vossas palestras junto a um espírito desencarnante que, geralmente, ainda se encontra ligado de certo modo ao corpo, num estado de semiconsciência, mas em condições de se afligir em consequência de vibrações psíquicas que o perturbem a todo momento.

Como ainda são raras as criaturas que desencarnam suficientemente fortalecidas para se imunizarem contra as ondas da maledicência e das vibrações adversas, imaginais também o confrangimento que, durante o velório, podereis causar mesmo àqueles que vos foram tão caros no mundo físico, se não controlardes o vosso pensamento junto a eles.

Em face da proverbial maledicência humana, o velório terráqueo muito se assemelha à sala do anatomista, pois os mais contraditórios interesses, opiniões e sentimentos se transformam em ferramentas aguçadas, com as quais se autopsia a moral do defunto. Evocam-se imprudências de sua vida, relembram-se várias aventuras amorosas em que se envolvera, embora nada ficasse provado; expõem-se as suas dificuldades financeiras ou então se discutem as possibilidades da partilha de seus bens entre a parentela do mundo. Normalmente, faz-se um levantamento de todas as adversidades por que passou o falecido, e dos atos desairosos pouco conhecidos, por ele praticados. E isso devido, quase sempre, à imprudência do amigo confidente, que lidera a conversa na noite do falecimento e resolve ser o ponto de atração dos presentes.

Há indisfarçável humor ao se relembrarem os equívocos do irmão que se ausenta do mundo físico, pois, assim como evocam as suas fraquezas e canduras, também lembram as suas prováveis astúcias nos negócios materiais. Discutem-se os seus pontos de vista religiosos, mas também se anotam as suas contradições e preferências doutrinárias. Há, mesmo, suposições desairosas sobre o que lhe pode acontecer no Além, em face dos seus deslizes, embora os mais afoitos também lhe confiram moradia prematura no céu, mas intimamente descrentes de suas próprias afirmativas e louvores ao morto.

Junto ao cadáver quase sempre se reúne o grupo de amigos compungidos que, à meia voz, discretamente e sem demonstrar malícia ou curiosidade, exumam toda a vida íntima do morto. Breves alusões ao defunto, fragmentos de palavras, perguntas a esmo, sob o poder de estranha magia, vão se encadeando até degenerarem em inconveniente conversação para um momento como esse.

PERGUNTA: — Quais as causas de tais conversações mortificarem tanto os espíritos desencarnantes, durante o velório?

ATANAGILDO: — Poucos seres sabem que todos os quadros mentais que se formam nessas palestras projetam-se na mente do desencarnado, causando-lhe perturbações tão fortes e confrangedoras, tanto quanto sejam as intenções e os propósitos dos que os produzem. Enquanto vos encontrais protegidos pelo biombo do corpo físico, ainda podeis neutralizar os impactos vibratórios das imagens adversas que se chocam contra a organização delicada do perispírito; mas, durante a desencarnação, o espírito se assemelha ao convalescente, que mal pode ensaiar os primeiros passos e atender à sua respiração dificultosa. É óbvio que o espírito, em idênticas condições, há de ser imensamente sacrificado, se ainda o obrigam a evocar mentalmente todas as tricas, equívocos, emoções e mazelas do seu passado já esquecido.

Qual seria o vosso estado mental se, depois de vos encontrardes exaustos por gigantesco e fatigante exame intelectual, que vos arrasasse a reserva de fosfato, ainda vos obrigassem a recapitular todos os problemas e lições recebidas desde o curso primário até a graduação acadêmica? Entretanto, é assim que procede a maioria dos "vivos" na câmara mortuária do "falecido", quando obrigam este a evocar todo o seu passado, exumar invigilâncias e reviver tanto os motivos agradáveis quanto os assuntos nevrálgicos que lhe despertam os ressentimentos naturais do mundo que abandona. Já não lhe basta a memorização cinematográfica e retroativa, que é comum a todo espírito que abandona o seu corpo, para que os presentes ainda o supliciem com a lembrança póstuma dos seus equívocos e produtos naturais da ignorância espiritual de todos os homens?

PERGUNTA: — Que nos aconselhais para o momento do velório, quando cumprimos o piedoso dever de comparecer junto ao cadáver do amigo ou do parente falecido?

ATANAGILDO: — Acredito ser desnecessário qualquer conselho nesse sentido, pois o próprio relato de minha desencarnação e as muitas comunicações mediúnicas de outros espíritos, sobre o assunto, devem ser bastante suficientes para vos ensinar qual seja a melhor conduta espiritual nessa hora. Entretanto, não posso me furtar ao dever de vos dizer que a melhor atitude que deveis adotar no velório é lembrar-vos da sublime recomendação de Jesus: "Fazei aos outros o que quereis que vos façam".

PERGUNTA: — Mas desejaríamos merecer o vosso parecer pessoal sobre como devemos nos portar durante o velório. Poderíeis atender-nos?

ATANAGILDO: — Uma vez que, por ocasião de vossa futura desencarnação, desejareis provavelmente a paz e a presença de eflúvios balsâmicos junto ao vosso corpo, se ainda estiverdes a ele ligado, é indubitável que também sabereis qual deve ser a vossa atitude junto a qualquer cadáver ou em qualquer velório, isto é, guardar para com o falecido todo sentimento de ternura e tolerância, sublimado ainda pela oração afetiva em favor do espírito desencarnado. Então, procurareis reajustar as palavras tolas ou prejudiciais, coordenando os pensamentos imprudentes e formando um clima de serenidade espiritual, através do intercâmbio de assuntos elevados. Assim prestareis grande socorro mental e moral ao irmão que ainda irá lutar pela sua definitiva libertação das garras da armadura física. Fareis o possível para não permitir que sejam evocados fatos ou cenas desairosas ou os equívocos humanos do vosso amigo ou parente, evitando, também, que invada o ambiente o anedotário inconveniente, tão explorado pela maioria dos especialistas em enredos ignóbeis. O velório deve ser um ambiente digno do sacrifício de todos os amigos e parentes do "morto"; é a última homenagem que ainda podem lhe prestar, procurando sintonia com a faixa de alta vibração espiritual, que então pode atrair as forças angélicas, para a sua libertação definitiva da carne. Não se pode ajudar o espírito exumando ocorrências depreciativas, nem associando lembranças dolorosas e confrangedoras à alma ainda desfalecida pelo fenômeno da morte corporal, assim como o respeito e a cortesia social sempre exigem que certos assuntos indiscretos não sejam tratados diante do culpado. A morte do corpo físico sempre pede o socorro das almas amigas; no entanto, o espírito que parte quase sempre é colhido na rede tecida pela ignorância dos que ficam. De um lado, é o sentimentalismo prejudicial da família, que encarcera o perispírito do desencarnante no seu organismo físico, já sem vida; de outro lado, são os componentes do velório, que fazem-no balouçar em todas as cristas das ondas que se formaram na tempestade de sua vida.

Quereis saber qual deve ser o comportamento humano em um velório? Sob a minha opinião de espírito desencarnado, considero-o uma reunião de caráter muitíssimo delicado, que exige silêncio afetivo e a meditação de alta espiritualidade, assim como requer a súplica, a oração piedosa que balsamiza a alma em despedida. Por isso, o velório não deve ser oportunidade para animadas palestras ou malicioso humorismo, e muito menos ponto convergente para se tratar da vida particular do "morto".

11. A eutanásia e as responsabilidades espirituais

PERGUNTA: — Aconselhais a prática da eutanásia, no caso de doenças incuráveis? Alguns afirmam que se deve extinguir a vida daquele que sofre atrozmente, sem possibilidade alguma de cura, outros defendem calorosamente o respeito à agonia do moribundo até o seu último espasmo de vida, mesmo que se apresente do modo o mais cruciante.

ATANAGILDO: — Para mim, a questão de se liquidar o enfermo algumas horas antes de ser ele liquidado pela "morte" ou, então, de deixá-lo entregue ao seu sofrimento para purificar o seu perispírito até o derradeiro segundo, está subordinada à necessidade de se saber, primeiramente, a quem pertence o corpo que se extingue, e a quem cabe o direito da Vida... É óbvio que o corpo físico não passa de empréstimo a prazo limitado, feito pelo "atelier" da Terra ao espírito encarnante e que fatalmente deverá ser devolvido após o prazo combinado. Quanto à vida, pertence a Deus, que no-la oferece para que possamos adquirir a noção de existir e nos reconheçamos como consciência individual, à parte, mas sem nos desligarmos do Todo. Através do fluxo abençoado das existências físicas, terminamos aprendendo que não somos árvores, estrelas, pedras ou regatos, embora essas coisas, com o tempo, também se afinem de tal modo conosco que, futuramente, poderemos incorporá-las na área de nossa consciência espiritual.

Deste modo, não somos nós que construímos "pessoalmente" o nosso corpo físico, mas é a Lei da Evolução que, durante milênios, vem se encarregando carinhosamente de construí-lo para o nosso uso provisório. Não chegamos a criar, sequer, os minerais que compõem as nossas unhas, as vitaminas, a nossa nutrição, os líquidos para as correntes sanguíneas e linfáticas; furtamos até o magnetismo solar e a radiação lunar para ativar o nosso sistema vital nas relações energéticas com o meio. Deste modo, muito graves reflexões se impõem às nossas responsabilidades antes que, a nosso "bel-prazer", pretendamos intervir na Lei e praticar a eutanásia, decidindo sobre a vida corporal do próximo ou mesmo do nosso corpo esfrangalhado.

É muito importante lembrarmo-nos de que não precisamos intervir para que o bebê recém-nascido cumpra a sua tarefa de crescer; para isso só lhe ofertamos leite líquido ou em pó, e apenas isso o transforma em um adulto de olhos azuis ou pardos, de cabelos negros como o azeviche ou louros como os reflexos matutinos do Sol. Desenvolvem-se os lábios carminados, as mãos e os pezinhos plenos de vida misteriosa; plasmam-se os movimentos graciosos e despontam os ares inteligentes, emoldurados pelo riso cristalino que embevece e fascina os pais envaidecidos. É óbvio, pois, que não temos o direito de intervir discricionariamente na vida desse corpo e apressar-lhe a morte, pois a Lei reza e claramente nos comprova que isso só pertence a Deus — o Divino Doador da Vida.

PERGUNTA: — Mas é sabido que o nosso espírito, durante as encarnações em que se serve do corpo físico, também o aperfeiçoa gradativamente conforme se comprova pelo progresso orgânico desde o homem pré-histórico até o atual cidadão do século XX; não é assim? Isto não lhe confere certo direito para praticar a eutanásia?

ATANAGILDO: — Que tem a ver uma coisa com outra? Se examinarmos com isenção de ânimo o que alegais, comprovaremos que quereis a melhor parte dos negócios que fazeis com a Divindade, pois o aprimoramento do corpo, durante os milênios decorridos, se realiza graças aos cuidados incessantes da Evolução. Deus nos fornece a substância carnal e o fluido vital, que se agrupam genial e dinamicamente para então constituírem o organismo que permite colhermos as abençoadas experiências da vida planetária. Em troca de tão grande concessão, feita em milhares de séculos, apenas ficamos obrigados a servir, no futuro, a outros irmãos menores, assim que estivermos de posse dos bens que atualmente desejamos. No entanto, raramente respeitamos esse acordo com a Divindade porquanto, além de lesarmos o patrimônio carnal, que nos oferece de graça, e o usarmos para fins brutais e nas sensações corrompidas, quase sempre nos rebelamos quando a Lei nos impõe a multa decorrente de nossa infração contratual. Abusamos desatinadamente dessa doação feita para nossa ventura espiritual, mas é evidente que, posteriormente, deveremos atender às necessárias retificações, sob o processo doloroso do sofrimento, no mesmo cenário do mundo que subestimamos.

Embora a alma consciente do ajuste possa se demorar na rebeldia ou nos desatinos, por longo tempo, sempre chegará o dia em que terá de aceitar o programa sacrificial de sua recuperação e se entregar ao cumprimento integral das cláusulas do contrato sideral que subestimou. Então, vê-se obrigada a aceitar uma nova encarnação na vida física, para sensibilizar o psiquismo e depurar o espírito no crisol do sofrimento benfeitor. E que acontece, então? Eis que a parentela do mundo, ou a ciência dos homens, crente de que esse sofrimento atroz e de recuperação espiritual deriva de algum equívoco do Criador, resolve intervir no caso particular do espírito em débito para com o contrato sideral e liquida-o pela eutanásia. E isso é feito antes do prazo determinado pela técnica sideral, a fim de se atender aos "bondosos sentimentos" do coração humano e se corrigirem, ainda em tempo, os descuidos e as contradições de Deus.

No entanto, essa gloriosa sabedoria humana ignora que apenas transfere para outra vida futura a mesma soma de dores e sofrimentos que foram reduzidos pela eutanásia, ato discutível até pela razão humana e que de nenhum modo soluciona os problemas delicadíssimos do espírito, que é eterno.

PERGUNTA: — Advirão consequências prejudiciais para aqueles que matam "por piedade"? Conviria lembrar que é algo impiedoso deixar uma criatura sofrer atrozes padeci-

mentos sem cura, que chegariam a comover até o coração de uma hiena.

ATANAGILDO: — Toda intervenção indébita sempre implica em punição; isso, ao que penso, é lei atuante mesmo no vosso mundo material. É perigoso adotar a eutanásia, pois quantas vezes esse matar "por piedade", no subjetivismo da alma, e pela sinceridade de Freud, não poderá se confundir com a exaltação de matar "por comodismo". O conteúdo subjetivo de nossa alma, além de complexo em sua riqueza de valores acumulados no tempo, obedece a diretrizes sumamente sábias, estabelecidas pelo plano mais alto, que escapam aos vossos julgamentos de superfície e aos vossos raciocínios na vida física.

Não convém deixarmo-nos tomar pelo primeiro impulso emotivo, que erradamente consideramos ditado por um sentimento piedoso, mas que nas profundezas do nosso ser pode ter outra origem desconhecida. A meu ver, nós não conhecemos com clareza e confiança aquilo que o nosso próprio espírito pretende realizar quando ainda se encontra no corpo de carne. Ignoramos quais as razões subjetivas que nos ditam as ações e as aparências que surgem à luz de nossa consciência em vigília. E, se assim não fora, é óbvio que há muito tempo já estaríeis desobrigados das encarnações físicas, em face de já haverdes resolvido o milenário desafio do "Conhece-te a ti mesmo".

São bem raros os espíritos encarnados que se recordam completamente do passado, podendo comprovar as verdadeiras causas que originam os efeitos que sofrem no presente. É por isso que estais repletos de impulsos e sugestões ocultas, boas e más, que vos provam a força de uma consciência que estais desenvolvendo há muitos milênios em vossas vidas através das formas do mundo físico. Uma vez que desconhecemos ainda os intuitos do nosso psiquismo milenário — pois ignoramos até os objetivos que nos ditam certos impulsos inconscientes —, há o perigo de praticarmos a eutanásia na suposição de cumprirmos um ato "piedoso", como dizeis, quando pode se tratar apenas de um ato "cômodo", mais interessante a nós do que ao próprio doente.

Não é difícil que esteja invertido esse sentimento de piedade de nossa íntima concepção particular, pois o nosso próprio sentimentalismo pode se sentir num estado desagradável ao vermos alguém sofrer sem possibilidade de alívio e salvação, o que nos força a afastar de nossa visão o quadro atroz da dor alheia, visto que nos está perturbando o sossego... Da mesma forma como nos angustiamos profundamente ao vermos o sofrimento acerbo do nosso ente querido, é possível que nos mantenhamos calmos, se isso estiver acontecendo com o nosso pior inimigo... Daí não conhecermos, em absoluto, qual a realidade do impulso interior que nos aconselha a eutanásia nos casos atrozes, pois tanto podemos executá-la como um ato "piedoso", em favor do moribundo, como também um ato "cômodo" sob a hipnose de uma piedade que disfarça uma solução sentimental de nosso próprio interesse.

PERGUNTA: — Poderíeis dar-nos um exemplo mais objetivo para compreendermos essas vossas asserções?

ATANAGILDO: — Há famílias que, por ignorarem as finalidades retificadoras da Lei do Carma, quando se vêem presas por alguns anos junto ao leito do parente ou do amigo sofredor, impossibilitado de salvação, sublimam esse acontecimento tão incomodativo, e sem solução prática, com a ingênua concepção de que "seria melhor a sua morte do que sofrer tanto". E, como são incapazes de um exame de autocrítica, ainda se gabam de que assim procedem obedecendo a um impulso nobre de caridade para com os outros...

Fatigadas pela excessiva escravidão junto ao leito do doente incurável, além da impressão má que lhes causam a sua enfermidade e aflições confrangedoras, muitas vezes agravando o orçamento da família, pode nascer no subjetivismo de certas almas a ideia "piedosa" de que será melhor que Deus "leve o doente" do que fazê-lo sofrer tanto. Entretanto, ignoram que, como disse Jesus, nem ao menos um simples passarinho morre sem que seja da vontade de Deus, assim como tudo que acontece em nossas vidas sempre obedece a um senso de sabedoria e justiça superiores.

Examinando-se certos enfermos incuráveis à luz de sua responsabilidade cármica, verifica-se que muitos deles não passam de antigos promovedores de estrepolias, rapinagens ou planos maquiavélicos em encarnações anteriores, acontecimentos com os quais também devem ter se beneficiado aqueles mesmos familiares que a Lei juntou pelo mesmo sangue terreno e, agora, cercam aflitos e desesperados o leito de padecimentos atrozes do seu parente.

Sob o meu fraco entendimento, matar por "piedade" não passa de matar por "ignorância", delito que o seu "piedoso" autor não escapará de retificar no futuro. Em face do coeficiente moral do atual cidadão terreno, só as dores muito acerbas poderão garantir-lhe a compreensão do valor da vida humana, porque o auxiliam a proceder à sua mais eficiente recuperação dos bens desperdiçados no pretérito.

PERGUNTA: — Os médicos que praticam a eutanásia, visando exclusivamente a acabar com o sofrimento atroz do cliente incurável, também ficarão comprometidos perante a Lei Cármica?

ATANAGILDO: — Cortar o fio da vida não é atribuição dos médicos, nem de "piedosos" que se arvorem no direito de interrompê-lo no curso da enfermidade benfeitora. Sem dúvida, todo aquele que extingue a vida coloca-se em débito com a Lei Cármica, que é o divino processo de vigilância e regulamentação do melhor aproveitamento da "onda da vida" através das coisas e dos seres. Os médicos não têm o direito de agir discricionariamente contra desígnios divinos que ainda desconhecem; não lhes cabe praticar a eutanásia em caso algum, embora ignorem que as longas agonias significam oportunidades retificadoras do espírito. Mesmo a pedido do enfermo, a eutanásia sempre significa uma violência contra o patrimônio espiritual, seja qual for o motivo invocado por parte daquele que a solicita ou pratica. Que sabe a ciência dos homens sobre os objetivos insondáveis de Deus?

PERGUNTA: — Poderíeis nos esclarecer melhor sobre essa necessidade da agonia atroz até o derradeiro segundo da vida?

ATANAGILDO: — Algumas vezes há espíritos que se decidem a expiar de uma só vez todas as suas mazelas acumuladas no perispírito; então, em lugar de se submeterem a duas ou três encarnações terrenas para sofrer a expurgação gradativa dos tóxicos, em "prestações" suaves, preferem tentar a prova decisiva numa só existência, esgotando esses tóxicos, definitivamente, de sua organização perispiritual através do processo cáustico das horas de sofrimentos atrozes.

Durante prova tão acerba, o espírito fica obrigatoriamente dominado e entregue à sua própria dor, voltado para dentro de si mesmo e centralizando toda sua força dinâmica, a fim de poder suportar o sofrimento nas suas entranhas orgânicas. Submete-se, assim, a intensa "concentração psíquica" e vigorosa introspecção mental, desinteressando-se e se desligando da fenomenologia do cenário do mundo material. Nessa fase aguda de convergência espiritual obrigatória sobre si mesmo, as toxinas das culpas passadas tendem a se desagregar pela energia do psiquismo dinamizado no interior do enfermo. À medida que se sutiliza o seu envoltório perispiritual, a luz interior, que há em toda alma, projetando-se cada vez com mais expansividade, carboniza e desintegra as toxinas, miasmas e os vírus atraídos do Astral inferior.

PERGUNTA: — Como poderíamos imaginar esse fenômeno de concentração de energias que aumenta, para o espírito, o poder desintegrador das toxinas?

ATANAGILDO: — Podeis imaginar o fenômeno comparando-o à lente, que faz convergir os raios solares para determinado ponto, centuplicando-lhes o poder desintegratório na matéria. É preciso que a alma, quando submetida a sofrimentos atrozes, aproveite toda a sua concentração psíquica até o derradeiro segundo, pois, durante esse fenômeno doloroso, ocorre a drenação tóxica do perispírito e, então, o corpo físico se transforma numa espécie de "mata-borrão" absorvente do veneno vertido pelo psiquismo doentio. Quanto mais tempo perdurar a enfermidade, tanto maior será a quantidade de toxinas que se materializam no organismo carnal, para depois se dissolverem no seio da sepultura terrena. Se for cortado o fio da vida, antes de se ultimar o processo drenatório, já previsto bem antes da encarnação do espírito, este terá de retornar ao Astral impregnado ainda de resíduos tóxicos, que hão de lhe exigir nova experiência carnal futura, embora a realizar em menor prazo, a fim de completar a expurgação interrompida pela imprudência da eutanásia.

Daí, pois, a grande responsabilidade daquele que pratica a eutanásia, porquanto, além de se comprometer com a Lei Cármica, que não autoriza a redução da vida antes do tempo previsto pela técnica desencarnatória, o homicida "piedoso" ainda ficará comprometido, futuramente, com o próprio espírito que ajudou a se libertar antes do prazo determinado pelo seu programa de retificação cármica.

PERGUNTA: — Supondo que tivésseis de reencarnar na Terra para resgate de faltas, por meio de sofrimento atroz, mas sabendo que a vossa família terrena seria levada a conseguir a eutanásia para vos livrar da agonia, justamente quando mais necessitásseis desse sofrimento, que providências poderíeis tomar?

ATANAGILDO: — Narrar-vos-ei o que aconteceu comigo, ali pelo século XIV, quando resolvi me libertar definitivamente de um fardo cármico aflitivo, fruto de minhas faltas passadas. Corajosamente, aceitei uma nova reencarnação de atrozes sofrimentos para os últimos dias de vida terrena, a fim de purgar em uma só existência o tóxico psíquico do perispírito, em lugar de passar duas ou mais existências sob um resgate cármico de horas menos cruciantes. Optei por uma encarnação mais dolorosa e aflitiva, mas que sabia ser a mais eficiente para a cura ou ajuste das minhas impurezas passadas.

Entretanto, após os testes mentais para se conhecer a natureza psíquica dos membros que constituiriam a minha família carnal, verificou-se que eles seriam francamente favoráveis à eutanásia, caso eu tivesse de enfrentar terríveis padecimentos incuráveis. Tratava-se de espíritos pacíficos, mas ainda ignorantes da verdadeira realidade da vida espiritual e, portanto, facilmente vulneráveis às insidiosas sugestões dos espertalhões das sombras, que tudo fariam para me prejudicar na hora da purgação dolorosa, como realmente o fizeram, tentando desencarnar-me pela eutanásia.

No entanto, os mentores do meu destino haviam garantido o êxito de minha purgação cármica conforme planejada, assegurando-me que disporiam de recursos eficientes na hora dolorosa para que eu pudesse sobreviver até o prazo marcado. Reencarnei no seio de uma família que, em virtude de sentimentos piedosos exagerados, era francamente simpática à eutanásia, e ali vivi até os 41 anos de idade, como um dos mais ricos proprietários do lugar. Gozava de relativa saúde, mas, no âmago da alma, bem que sentia a eclosão de uma enfermidade insidiosa a se alastrar continuadamente pelas minhas entranhas, prenunciando grande sofrimento. Naquele tempo, os recursos médicos eram mínimos; três anos depois, eu atingia a fase atroz, que fora prevista antes de me reencarnar e que fazia parte do meu plano de provas terrenas.

Na inconsciência da carne, e ignorando o bem trazido pela enfermidade, tentei o alívio e a cura com as tisanas e poções sedativas, que eram insuficientes produtos da medicina da época. Terrível inflamação tomara conta de meus intestinos e do fígado, sem esperanças de cura, agravando-se o meu sofrimento por uma forte compressão que sentia na região do duodeno, o que me dificultava a nutrição, que tanto se fazia necessária para atender-me ao corpo, em contínua decadência.

Houve momentos em que de bom grado teria ingerido algum tóxico violento que alguma alma piedosa quisesse me oferecer. O meu rosto ficou macilento; a circulação periclitava e os meus pulmões arfavam dia e noite, enquanto eu sufocava os gemidos colocando entre os dentes uma almotadinha de seda, que os meus familiares mergulhavam incessantemente em uma vasilha cheia de um líquido amargoso e de pouco alívio. Olhos esbugalhados, fitos no forro do aposento luxuoso, dedos crispados, tentando se agarrar aos relevos do rico leito de mogno, eu lutava com os primeiros espasmos biliosos, pelos quais a medicina moderna teria reconhecido alguns fragmentos do tecido hepático em lenta decomposição. Vivia um quadro mórbido desesperador, capaz de confranger os corações mais empedernidos. Não tardei em comprovar, pelos olhares angustiosos de minha esposa, filhos, nora, genro e outros parentes, o grande sofrimento e a imensa piedade que lhes tomavam a alma.

E, quando meus padecimentos atingiram o climax da tolerância humana, ocasião em que o curandeiro da época sentenciou achar-me irremediavelmente perdido, percebi que entre todos os meus familiares já se havia entabulado um entendimento firme e decisivo para a extinção das minhas dores pungentes. Compreendi que fora condenado à morte, graças à piedade excessiva dos meus parentes, que não podiam lobrigar a razão de tanto sofrimento, que consideravam injusto para com quem fora um amoroso chefe de família. Preferiam, então, libertar-me daquela angústia e de uma vida inútil e declarada perdida. Intimamente, não escondi certa satisfação mórbida ao pressentir-lhes a decisão da eutanásia, pois os meus gemidos já atravessavam a espessura das paredes e ecoavam lá fora, inquietando os próprios empregados da jardinagem. Sem poder recordar o programa que eu mesmo aceitara no Espaço, desejava livrar-me daquele inferno de dores; então fraquejei em minhas energias e deixei-me abandonar completamente às angústias acerbas do sofrimento cruciante.

Mas os meus amigos do Além velavam pelo êxito completo da prova dolorosa, em meu exclusivo benefício espiritual. Só depois de desencarnado é que pude então avaliar a eficiência da assistência que me fora proporcionada por esses espíritos amigos que, passo a passo, observavam a minha via-crúcis, tudo fazendo para neutralizar as sugestões das trevas e ajudarem-me a completar o escoamento das toxinas agressivas, com a consequente purificação do meu perispírito.

Quando os meus apiedados parentes decidiram ministrar-me uma forte dose de arsênico, ainda faltavam cinquenta e seis horas de dores cruciantes para eu encerrar a purgação dolorosa, sem qualquer alívio, prevista no meu programa reencarnatório. Então, o Alto, por meio de recursos indiretos, entrou em ação a tempo e a contento: um dos meus filhos chegara com a alvissareira notícia de que, nas colinas de San Martini, perto das florestas de Slovena, havia um monge curandeiro, que praticara os mais espantosos milagres, entre os quais haver curado um certo conde da região, que sofrera de enfermidade parecida à que me liquidava. Embora fosse sabido que tal região era infestada de muitos foragidos da Justiça e bandos de malfeitores que assaltavam os viageiros desprevenidos, meu filho mais velho, em companhia de apenas dois criados e o cocheiro, colocou-me sobre macios colchões e, em cômoda carruagem, seguimos caminho, para depois de algumas horas podermos alcançar o local onde morava o monge.

Chegados às imediações do local, a carruagem precisou ficar, com o cocheiro, ao sopé de uma colina, por não ser possível fazê-la subir o caminho íngreme e, por isso, meu filho e os dois criados, improvisando uma maca com paus e cipós colhidos no mato, transportaram-me para o cimo do outeiro.

Poucos minutos depois, ao atravessarmos uma selva, caiu de improviso sobre nós um bando de maltrapilhos armados de paus e pistolas, imobilizando-nos em rápidos minutos. Foi-nos proposto, então, o pagamento de certa quantia para que nos deixassem livres e pudéssemos prosseguir o caminho. Meu filho mais velho teve de retornar velozmente à casa, a fim de providenciar o vultoso resgate, enquanto eu e os dois criados éramos conservados como reféns, que deveriam ser trucidados ante a primeira comprovação de que houvesse sido dado aviso do caso à Justiça local.

Os assaltantes eram obrigados a mudar de local por várias vezes, receando as batidas costumeiras das forças legais que andavam ao seu encalço, para o que os seus espiões avançados davam aviso no devido tempo. Quando tal acontecia, eu e os dois criados éramos levados para lugar distante, em companhia dos assaltantes, para que os criados pudessem indicar ao meu filho, quando este regressasse com o dinheiro, o local em que nos achávamos escondidos.

Mas a polícia estava apertando o cerco aos bandidos, apesar de nenhum aviso ter sido dado por meu filho, o que estava obrigando os assaltantes a uma fuga rápida do local. Então, deliberaram trucidar-me antes de me abandonarem na floresta, pois já estavam cansados de tanto me transportarem de maca, de um lado para outro, durante as apressadas fugas anteriores, as quais, além de me sacudirem o corpo, causando-me dores horríveis, ainda me obrigavam a vômitos incoercíveis, mesclados de retalhos amarelecidos do fígado.

Eu já estava algo inconsciente do mundo exterior, embora com os sentidos psíquicos muitíssimo aguçados, absorvendo sem alívio todo o conteúdo da dor que me corroía as estranhas. Sem dúvida, os salteadores adivinharam que eu teria poucas horas de vida ou, então, um surto de medo os demoveu das intenções homicidas, pois, após despojarem-me de tudo, até das roupas externas, de veludo, ali me abandonaram impiedosamente, fugindo pela mata.

Então senti como que uma terna voz a me falar aos ouvidos, sugerindo-me coragem e resignação e garantindo-me o benefício da prova final, que se manifestava cada vez mais lancinante. E a Lei Cármica se cumpriu, ao mesmo tempo que o meu programa doloroso também se efetivava em toda a sua planificação espiritual. Sofri fome, sede e frio, vertendo suores biliosos, enquanto expelia fibras duodenais e pedaços do fígado.

Guardava a perfeita sensação de que um gênio do mal amarrava-me o corpo com arame farpado, fazendo sangrarem as carnes, e depois enfiava aguçado punhal no meu ventre, fazendo a arma subir lenta e sadicamente por todo o trajeto intestinal, até romper o duodeno, para dilacerar o fígado e depois escavá-lo e extrair pequenas porções, que depunha no meu estômago e eu as lançava fora.

Já havia perdido as esperanças de que alguém me socorresse, quando, de súbito, senti inexplicável alívio em todo o meu organismo e clareou-me a vista; então vi à minha frente as figuras de meus filhos e dos criados, curvados sobre mim e com os olhos rasos de lágrimas, tentando erguer-me a cabeça afogada nos detritos da própria carne. Nada lhes pude dizer; apenas esboçado um sorriso, esvaiu-se-me o último alento de vida e me desprendi definitivamente para o Além. Mais tarde, vim a saber que haviam decorrido exatamente as cinquenta e seis horas de padecimentos atrozes, que ainda faltavam para completar a minha prova cármica, quando as forças do Bem interviram para evitar a eutanásia e demolir os projetos sombrios do Astral inferior. E ali, no mesmo local onde desencarnei pelo sofrimento escolhido antes de nascer, meu filho atirou fora a porção de arsênico que deveria libertar-me antes dos padecimentos atrozes.

Devo à incessante assistência espiritual dos meus amigos desencarnados o benefício de haver completado essa existência e esgotado, no século XIV da Terra, uma das mais fortes cargas de tóxico nocivo à minha indumentária espiritual.

PERGUNTA: — Conheceis algum caso em que o paciente fugiu das provações e continuou a viver, sem cumprir até o fim o seu destino cármico?

ATANAGILDO: — De modo algum pode isso acontecer. São várias as formas e os recursos de que os espíritos encarregados podem lançar mão a fim de evitar que os encarnados fujam ao cumprimento integral de suas provas cármicas, mesmo que alguém pretenda sujeitá-las, a contragosto, à eutanásia; e, mesmo que o encarnado se suicide, não escapará à Lei.

Há casos em que os pacientes são afastados subitamente do lar, para se sujeitarem às suas provas atrozes em lugares inacessíveis acidentes difíceis de ser localizados, tais como desastres de trens ou de aviões, em zonas inóspitas, sem recursos médicos ou quaisquer possibilidades de salvação. Outros desencarnam após terríveis queimaduras, infecções ou rompimento de tecidos, que os fazem viver padecimentos indescritíveis. E, para espanto de muitos, há casos em que, no seio de terríveis catástrofes sobrevive alguma criatura que se salva à última hora, sem um arranhão sequer, porque a sua "morte" não fazia parte do programa de sofrimento conjunto, que conheceis sob a designação de "carma coletivo", em que diversas almas estão ligadas por dívidas semelhantes e, portanto, incluídas em um mesmo plano de resgate doloroso final.

Por vezes, a luxuosa aeronave que despenca do ar, destruindo todos os seus tripulantes e passageiros, não passa de uma cópia moderna do antigo e temido barco de piratas, a conduzir as mesmas personagens do passado, que se encaminham agora ao resgate doloroso, determinado pela Lei do Carma.

PERGUNTA: — Qual a melhor atitude que devemos manter diante daqueles que se encontram tomados por padecimentos cruciantes e incuráveis, quando nos sentimos sinceramente comovidos, mas não podemos aliviá-los?

ATANAGILDO: — A prece em favor do moribundo é para ele o melhor recurso balsâmico e benfeitor, pois, além de colocá-lo sob um manto de vibração sedativa ao psiquismo perturbado, ainda serve para aquietar o desespero e a emotividade daqueles que clamam socorro em torno do leito de morte. Durante a prece, processa-se divina absorção das energias partidas de quem ora, que são dinamizadas pelas dulcíssimas projeções partidas das entidades angélicas das esferas mais altas, que então irmanam todos os sentimentos na mesma frequência amorosa. É generoso banho refrescante ao agonizante e alivia o perispírito cansado, ajudando-o a partir da Terra e a encontrar o repouso amigo.

Diante da morte do corpo, ajudai o espírito a se libertar mansamente; não desespereis diante dessa separação inevitável, mas não definitiva; os vossos gritos e revoltas íntimas não podem evitar um desenlace que é decisão irrevogável tomada pela Lei Cármica. Por isso, recorrei à prece e não aos clamores desesperados, auxiliando o mais breve desligamento do espírito que está preso ao casulo da carne.

Acima dos vossos dramas terrenos, permanecem a Sabedoria e a Bondade de Deus, que sempre sabe o que faz.

PERGUNTA: — A oração dos encarnados pode ajudar os técnicos da desencarnação junto ao moribundo?

ATANAGILDO: — Sem dúvida! Os espíritos assistentes das desencarnações sempre logram melhor êxito e podem reduzir grandemente a cota de sofrimentos do agonizante quando não existem no recinto os fluidos imantadores dos parentes desesperados e o ambiente se encontra harmonizado pelas vibrações da prece proferida pelos presentes, mesmo em pensamento. É fora de dúvida que, se for conveniente prolongar a vida do moribundo, isso ainda se tornará muito mais fácil num ambiente calmo e envolto pela ternura das orações, do que entre as forças negativas e perturbadoras da angústia e da inconformação.

A oração aquieta a alma e eleva o seu padrão vibratório, porquanto o instinto animal é superado pela sintonia do espírito aos planos mais elevados. Promove um estado de serenidade íntima, que ainda mais se engrandece quando conjugado ao de outras almas, sinceramente ligadas pelos mesmos propósitos espirituais. Embalada pela prece, a alma do moribundo se recompõe e se desvencilha mais facilmente dos centros vitais do corpo físico, para então ingressar no

Plano Astral sob tranquila emotividade espiritual.

Depois de desencarnados, é muito comum lamentarmos os dramas assistidos junto ao leito de morte; então sentimo-nos vexados pela nossa grande ignorância espiritual em face desse acontecimento, ainda tão mal interpretado pelos encarnados. É indubitável que só testemunharemos confiança nos propósitos insondáveis de Deus, ante o modo pacífico, humilde e respeitoso com que aceitarmos tanto as dores do corpo como a separação provisória dos nossos familiares.

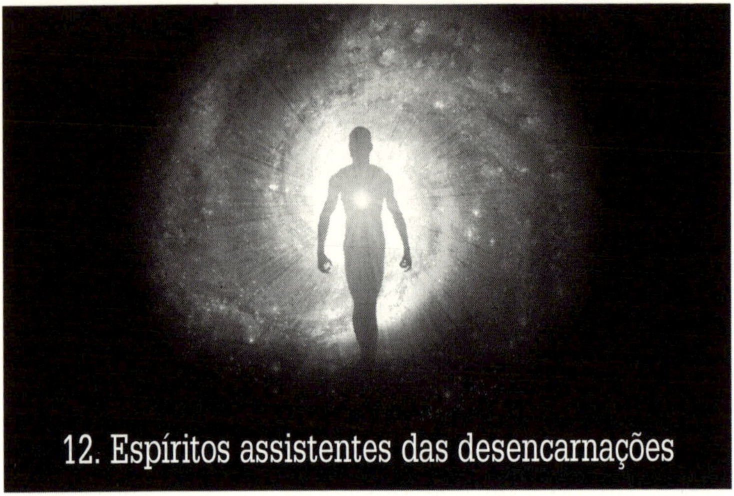

12. Espíritos assistentes das desencarnações

PERGUNTA: — Gostaríamos de saber se, em virtude da nossa ignorância espiritual no mundo físico, ficamos sujeitos sempre a prejuízos em todas as desencarnações. Outrossim, se desencarnar ainda é mais difícil do que reencarnar. Poderíeis dar-nos explicações a respeito?

ATANAGILDO: — De acordo com as minhas observações e baseando-me na minha própria desencarnação, creio que é muito mais fácil "falecer" do que "nascer" na carne. Durante o tempo da gestação física, sempre se registra enorme dispêndio de forças valiosas, que precisam ser aglutinadas para compor o corpo da alma que desce à matéria; também surgem muitas dificuldades e problemas imprevistos, que requerem intervenção dos técnicos responsáveis pelo espírito que reencarna, mesmo quando este já possua discernimento tal que lhe facilite operar conscientemente ao emergir nos fluidos densos da matéria. Demais, certas dificuldades de ordem técnica e interferências inesperadas de energias ocultas podem prejudicar o processo final da gestação; há que se considerar, também, a ignorância de certas mães, que não atendem ao processo gestativo em sua integridade "psicofísica", ou que, então, se expõem perigosamente aos bombardeios psíquicos de ambientes e acontecimentos emotivos e perturbadores.

Nascer, pois, significa exaustivo labor para reduzir e

aprisionar o perispírito na matriz da carne, obrigando o espírito a incessante "fuga vibratória" do seu verdadeiro ambiente eletivo; morrer, no entanto, significa justamente o oposto, pois a alma se liberta assim da complexidade da matéria e retorna ao seu plano familiar donde partira anteriormente. Sob rude exemplo comparativo, lembro-vos que a fase mais incômoda, para o mergulhador, consiste na tarefa de vestir o pesado escafandro de borracha e suportá-lo no fundo do mar, ao passo que tudo se lhe torna mais fácil quando deve abandonar o meio líquido e libertar-se da vestimenta asfixiante.

Quanto aos prejuízos que podem resultar para a alma durante a sua desencarnação, é fora de dúvida que tudo depende principalmente do seu caráter espiritual, mesmo se ficar retida por mais tempo nas malhas das forças magnéticas, que costumam ser lançadas pelo desespero melodramático da parentela do mundo.

PERGUNTA: — Todas as desencarnações são demoradas, por causa desse desconhecimento espiritual, quase comum a todos os terrenos?

ATANAGILDO: — Assim como alguns se retardam sob imensas dificuldades, ficando algemados por longo tempo aos espasmos vitais do corpo físico, há espíritos que, à simples premonição de sua desencarnação, vêm-nos ao encontro no Mundo Astral, à noite, mostrando-se bastante despreocupados com o terem de abandonar o mundo material, porque nada já os prende à vida humana. Tendo se esmerado em servir ao próximo e envidado esforços para se libertarem dos vícios e das paixões escravizantes, quando alcançam o limiar da morte já se encontram desprendidos das algemas das sensações inferiores da carne. É evidente que almas como estas, que embora ainda se conservem aprisionadas pelos grilhões da matéria, já vivem a vida do céu, não se impressionam com a morte do corpo e atendem, confiantes, à convocação espiritual do Senhor.

São criaturas que, mesmo na vida física, já trabalham para desatar os elos sentimentais exagerados e egoístas que os prendem à parentela do mundo, reconhecendo que a verdadeira família é a comunidade de espíritos do Universo, provindos todos do mesmo Pai. Elas se desprendem das atrações prosaicas da vida humana, assim como as crianças abandonam os seus brinquedos logo que atingem a juventude.

Já tive oportunidade de presenciar algumas desencarnações em que o próprio espírito desencarnante era o mais atarefado em libertar-se dos laços vitais que o prendiam ao corpo físico. Doutra feita, comprovei que as almas corajosas chegam até a fazer "blague" em torno de sua própria morte física, ante a certeza de que se submetem a processo já conhecido muitas vezes em vidas pretéritas. Não creio que a mais vigorosa rede de fios magnéticos — que durante o fenômeno da morte possa ser tecida pelas aflições dos parentes desesperados — possa perturbar espíritos assim tão emancipados das ilusões do mundo e que já se encontram antecipadamente libertos das peias da vida material. A maioria das almas terrenas ainda se embaraça de tal forma nas teias hipnotizadoras e instintivas da vida humana que, na hora da morte, mais se assemelha a moscas cansadas que não conseguem desprender as asas dos fios da vigorosa rede tecida pelas aranhas.

PERGUNTA: — Em face das vossas diversas referências a espíritos que têm prestado socorro a pessoas em vias de desencarnação, poderíamos saber se existe uma organização disciplinada, no Além, que se dedica exclusivamente a prestar esse socorro?

ATANAGILDO: — Sem dúvida! Em nossa metrópole, pelo menos, existem cursos disciplinadores, dirigidos por espíritos elevados que, não só ensinam a ciência a que está subordinada a morte corporal, como também a técnica aplicável para o melhor êxito nas operações desencarnatórias terrenas. A complexidade e delicadeza das operações que se processam ou se originam no Mundo Astral, sob a responsabilidade das organizações do Bem, exigem ainda mais conhecimentos e cuidados do que as operações rotineiras da Terra. Enquanto, no mundo material, as formas que o compõem vivem em contínua exaustão de energias, essas mesmas energias estão passando para o lado de cá, onde se revitalizam na sua fonte natural, para a qual foram novamente atraídas.

Da mesma forma, enquanto para os encarnados a morte física representa extinção de vida, aqui o fenômeno se inverte, pois que o espírito se liberta da matéria densa para ingressar no seu verdadeiro mundo, que é a energia sutilíssima.

Daí a necessidade de formação e adestramento de equipes de espíritos que devam atender às desencarnações, sempre que os cuidados do Alto reconheçam o merecimento de assistência e proteção de alguém, na hora delicada do falecimento. Em virtude das diferenças de evolução e dissemelhanças de situações particulares, que se verificam comumente nas diversas desencarnações, ser-vos-á possível avaliar a necessidade e importância de conhecimentos especiais por parte dos espíritos assistentes das desencarnações, de modo a poderem cumprir com êxito tarefas tão delicadas. Esses espíritos "técnicos" em desencarnação são responsáveis pela existência da velha lenda, em que a morte é representada na figura de uma megera de foice em punho, cuja tarefa tenebrosa é a de cortar o "fio" da vida humana...

Mas nada existe de lúgubre neste acontecimento tão comum, que é a desencarnação; normalmente, esses espíritos assistentes são de fisionomias afáveis, dotados de boníssimos corações e sadio otimismo, nada justificando o fato de sua existência provocar entre vós tantos arrepios de frio nas epidermes demasiadamente sensíveis.

PERGUNTA: — Os espíritos assistentes das desencarnações operam exclusivamente na hora exata do acontecimento ou precisam agir com certa antecedência, a fim de desligarem gradativamente os laços que prendem as almas aos seus corpos físicos?

ATANAGILDO: — Quando considerardes o processo da encarnação ou da desencarnação, é conveniente evitardes qualquer generalização do assunto, pois não se pode ajustar com exatidão um caso paralelamente a outro. Cada alma é um mundo à parte, apresentando reações psíquicas ou psicológicas bastante diferentes entre si. A bagagem milenária de cada ser espiritual, como um todo específico e isolado, também oferece consideráveis diferenças de um para outro desencarnante. Há certos casos em que os espíritos assistentes só se apresentam nos derradeiros momentos para ultimar as operações de desligamento. Isso acontece quando se trata de alma evoluída e ligada a familiares já conhecedores da vida espiritual que, em lugar de colocarem algemas emotivas no espírito que parte, ainda se tornam em eficientes cooperadores na hora da desencarnação.

No entanto, quando o desencarnante pode ficar preso à parentela, por se prever que esta se entregará a emoções contraditórias e desesperadas, torna-se conveniente preparar o ambiente vibratório com a devida antecedência, assim como estabelecer-se um bom círculo de magnetismo protetor ao redor do leito do moribundo. Por isso, as operações desencarnatórias terão de se realizar gradativamente; os espíritos assistentes auscultam as emoções dos presentes, experimentam-lhes as reações psíquicas, ao mesmo tempo que observam as condições vitais e orgânicas do enfermo.

Variam, pois, os métodos desencarnatórios e as medidas preliminares em cada caso, as quais dependem, também, do tipo de enfermidade que vai provocar o desenlace, pois é evidente que o espírito em via de desencarnar por uma trombose ou síncope cardíaca exige um tratamento preliminar, de urgência, e bastante diferente do aplicado àquele que se encontra enfermo há muito tempo, cuja doença lhe exaure as forças de modo quase milimétrico.

PERGUNTA: — Esses espíritos assistentes possuem algum aspecto diferente ou vestimenta especial, que os destaquem dos demais e os distingam como responsáveis pelos processos desencarnatórios? Apresentam algum sinal que os destaque na comunidade espiritual?

ATANAGILDO: — Não vos preocupeis com insígnias ou emblemas, que são de suma importância no mundo terreno, mas desnecessários para criar distinção entre desencarnados, no Mundo Astral, cujo valor é conhecido pela espécie de luz que flui de seus espíritos evoluídos e pela sua ternura e sabedoria. Na metrópole do Grande Coração compreende-se melhor aquele velho conceito de Sócrates de que, à medida que o homem mais sabe, mais verifica que nada sabe. Por isso, nenhum espírito de nossa comunidade, por mais evoluído que seja, agasalha presunções de sabedoria e faz exibições de avanço espiritual. A singeleza e a ternura ainda significam as qualidades mais destacadas dos espíritos devotados ao Bem, inspirados no exemplo do Sublime Guia Espiritual do orbe, o Mestre Jesus, que demonstrou a sua grandeza na humildade em lavar os pés dos apóstolos.

E eis o motivo por que os espíritos que assistem aos desencarnantes também não se diferenciam de outros laboriosos servos do Senhor; pelo menos não lhes tenho notado outras condecorações ou símbolos que não sejam o sorriso benevolente e o devotamento completo ao serviço de auxílio ao próximo.

PERGUNTA: — Em virtude de já havermos vivido outras vidas e desencarnado tantas vezes, não seria razoável que já tivéssemos nos libertado dessa angústia diante da "morte", que a lenda tem pintado tão tenebrosa?

ATANAGILDO: — Bem sei que ainda é difícil exterminar do subconsciente humano a velha ideia da "morte", essa mulher cadavérica envergando lúgubre mortalha, enquanto aciona afiado podão sob gestos histéricos e atitudes assustadoras. No entanto, que é a vida senão a própria morte em prestações? Todas as vezes que o corpo envelhece e se consome de minuto a minuto, não caminhais, porventura, implacavelmente, mais uma vez, para a cova do cemitério? Do primeiro vagido emitido no berço até o último suspiro na agonia, o homem nada mais é do que um viandante em obrigatória caminhada para a sepultura. Por que temê-la, se a morte corporal é apenas um "ato" ou um "fato" comuníssimo, que representa inefável bênção destinada a libertar o espírito da carne e conduzi-lo ao seu destino venturoso.

Quando logrei despertar no Além, tive a grata surpresa de ser apresentado a dois boníssimos espíritos que, apesar de o tentarem fazer, não logravam reduzir a irradiação de luz safírico-azulada que lhes fluía pelo tórax, chegando a formar um suave halo luminoso em torno de suas cabeças jovens. Certo de que se tratava de excelsos enviados da hierarquia superior para salvar a minha alma pecadora, surpreendi-me extraordinariamente com a revelação de que eram os dois espíritos técnicos que me haviam ajudado a desligar-me do corpo físico. Indubitavelmente, quando tal acontecera, eu me achava diante da lendária "morte", entidade tão temida, e que na Terra causa arrepios à mais singela enunciação. No entanto, aqueles dois espíritos, à minha frente, desmentiam claramente a existência tétrica da megera esquelética embuçada na sua fúnebre mortalha e tendo nas mãos a sinistra foice... Felizmente, eu podia vislumbrar aquelas fisionomias iluminadas, afáveis e sorridentes, que se encontravam junto ao meu leito, num formal desmentido à lenda mitológica da "Parca" que, na Terra, tem inspirado histórias as mais assustadoras.

Eles leram, então, o meu pensamento, com certo ar travesso, enquanto meu cérebro se povoava de espanto; depois, fitaram-me com profunda bonomia e interesse e, sem que eu também pudesse me conter, rimos francamente; um riso farto e sonoro, que inundou o ambiente de vibrações alegres e festivas. Ríamos diante da farsa da "morte" tão lúgubre e aterrorizante para o cidadão terreno, que vive tão agarrado aos seus tesouros efêmeros e às suas paixões avassalantes. Justamente por inverter o exato sentido da vida, é que o homem terráqueo tanto teme a morte do corpo.

PERGUNTA: — Por que motivo, em certos casos, tem sido possível identificarem-se alguns sinais da proximidade da morte do corpo físico? São os próprios espíritos assistentes das desencarnações que previnem, por vezes, do desenlace a se verificar?

ATANAGILDO: — Sabeis que, em virtude de a criatura terrena considerar a morte do corpo como acontecimento lúgubre e inevitável, empresta um sentido fúnebre a tudo aquilo que possa lembrá-la. Mas, apesar disso, em certas ocasiões ocorrem fatos que bem podem denunciar a presença daqueles assistentes ao se aproximarem para o desempenho de suas tarefas caridosas. Mas a ignorância humana faz com que eles sejam considerados como visitantes indesejáveis, confundindo com mau presságio os seus sinais benfeitores, que indicam a feliz libertação da alma enclausurada na matéria densa.

PERGUNTA: — Dai-nos um exemplo de como pode ser percebida, por certas pessoas, a aproximação desses espíritos, pois muitas há que vaticinam a morte de parentes ou vizinhos por terem ouvido o uivo contínuo de um cão. Há algum fundamento nisso?

ATANAGILDO: — Algumas vezes, há fundamento. Como a visão dos animais pode se situar numa faixa vibratória mais penetrante, do Astral, inacessível à visão ou percepção comum humana, certos cães podem pressentir quando os técnicos espirituais se encontram em tarefas desencarnatórias nas circunvizinhanças e, por esse motivo, se põem a uivar. Por isso, o povo, costuma dizer que "uivo de cachorro é mau agouro".

Quando, para ser "queimado" um carma coletivo, ocasião em que, por exemplo, devam perecer em naufrágio os tripulantes e passageiros de alguma embarcação, em cujos corpos carnais se escondam espíritos de velhos criminosos, piratas ou antigos invasores bárbaros, as grandes equipes de espíritos protetores e assistentes das desencarnações situam-se na embarcação com alguma antecedência à catástrofe determinada pela Lei Cármica, a fim de providenciar quanto ao controle e à proteção que se farão necessários nas operações desencarnatórias. E nessas ocasiões não raro ocorre um fato interessante: como a visão dos ratos é bastante sensível no plano da substância astral muito densa, eles pressentem que se avizinha um desastre. E, como nesses animais ainda é mais poderosa a sabedoria milenária instintiva, de sobrevivência, os ratos em certos casos se atiram ao mar, buscando salvação prematura. Esse o fundamento da lenda de que os ratos costumam abandonar os navios em véspera de naufrágio.

As aves, os répteis e diversos animais, em sua linguagem ininteligível e na sua inquietação não compreendida pelo homem, quase sempre assinalam fenômenos insólitos que percebem em torno e à vizinhança do Mundo Astral mais denso.

PERGUNTA: — Cremos que o motivo principal do nosso temor à "morte" não é o seu aspecto trágico, mas sim a expectativa de enfrentarmos o desconhecido, pois que, permane-

cendo no mundo físico, estamos amparados pela paisagem familiar que nos rodeia e pelo afeto da parentela consanguínea, da qual teremos de nos separar sem uma prova cabal de que iremos gozar da felicidade com que nos acenam. Que dizeis a isso?

ATANAGILDO: — A verdade não é essa; se o homem teme a morte do corpo físico, é porque deposita toda a sua fé e ventura nos tesouros efêmeros da matéria e se dedica ao culto exagerado às paixões animais, que o tornam cada vez mais insatisfeito e o escravizam definitivamente ao gozo animal. Como ignora o amor excelso e a paz sublime das esferas espirituais superiores, que poderia alcançar pela renúncia definitiva aos bens provisórios da Terra, mal sabe que a desencarnação significa uma generosa dádiva de Deus para a verdadeira vida.

Enquanto alguns cientistas, inquietos, tentam prolongar a vida física dos homens, afobados na procura do "elixir da vida" ou na descoberta de hormônios que lhes garantam mais êxito nas sensações animais transitórias, os espíritos benfazejos tentam inspirar a criatura terrena para que não corra atrás da morte, mas também não a tema nem se atrofie no culto desbragado dos sentidos físicos. Por isso, muitas criaturas sentem arrepios gélidos na espinha dorsal, quando ouvem falar do fenômeno da morte, como se já não a tivessem enfrentado tantas vezes, no decorrer dos milênios findos. Quantas vezes a morte amiga vos foi proporcionada pela técnica desses espíritos especializados, que vos cortaram o "fio da vida" para que pudésseis vos libertar dos grilhões do sofrimento humano.

Na Atlântida, no Egito, na Gália, na Hitítia, na Grécia, na Índia ou na Europa, quantos corpos de carne já haveis abandonado para a retificação do vosso espírito. Graças a essa contínua interrupção da vida física, através da morte do corpo, é que tendes podido realizar sucessivas experiências humanas e ativar o progresso dos vossos espíritos.

PERGUNTA: — Quais as primeiras providências tomadas pelos espíritos assistentes das desencarnações, na tarefa de libertação dos moribundos?

ATANAGILDO: — Já vos disse, alhures, que não se registra uma só reencarnação ou desencarnação, sequer, absolutamente idêntica a outras; comumente, os técnicos desenvolvem os seus trabalhos e coordenam o processo desencarnatório à medida que também se apresentam as reações e os acontecimentos inerentes à natureza "psicofísica" do desencarnante. Quando se trata de alma filiada a qualquer comunidade superior, ou que tenha se devotado ao serviço do amor ao próximo, as primeiras providências dos técnicos se circunscrevem à defesa em torno do seu leito de dor. Eles criam uma rede de fluidos magnéticos que dissolvem as vibrações mentais e os impactos emotivos causados pelos parentes em desespero, assim como também protegem o desencarnante contra qualquer intervenção indébita do Astral inferior.

Embora nem sempre se obtenha o completo êxito desejado, pela vigorosa imantação de angústia da parentela encarnada, pelo menos esse círculo de magnetismo defensivo ainda neutraliza grande parte da carga nociva, que sempre perturba o trabalho desencarnatório. Mesmo quando não se trata de purgação cármica há enfermos que agonizam horas e horas a fio, porque ficam retidos na carne pelos laços vigorosos do magnetismo afetivo dos seus familiares desesperados e que pretendem salvá-lo a qualquer preço, embora já o reconheçam incurável e moribundo.

Visto que os encarnados muito se desorientam diante da morte do corpo, quer promovendo desesperada gritaria, quer blasfemando contra Deus, é comum a presença de amigos desencarnados que se apresentam junto ao agonizante e formam ali um círculo de orações, que então o auxiliam para o melhor êxito no seu trespasse. Normalmente, são essas as primeiras providências que se tomam junto ao desencarnante, quando é digno de boa assistência, tais como a fluidificação sedativa do ambiente, a criação de uma rede de magnetismo protetor em torno do seu leito e o carinho espiritual através da prece proferida por espíritos amigos.

PERGUNTA: — Supomos que, logo a seguir, se processa o desatamento dos laços da vida física; não é assim?

ATANAGILDO: — A operação do desligamento final depende muito da própria psicologia do desencarnante, pois, embora ele mereça ser digno de assistência espiritual, por vezes é imaturo de razão ou psiquicamente inseguro da felicidade no limiar da morte física. Neste caso, os espíritos assistentes promovem o adormecimento do seu cérebro, para que ele se desligue da carne inconsciente do processo desencarnatório, permanecendo, assim, sob a ação de um incontrolável sono que o impede de interferir diretamente no processo com a sua força mental, dificultando a operação liberatória.

Mas há também outros espíritos que, pela sua emancipação e elevado grau de consciência desperta, durante a desencarnação, merecem outra espécie de operação preliminar para a libertação do corpo físico, a qual consiste em ativar-lhes a consciência espiritual e sugerir-lhes a oração afetiva, porque lhes é chegada a hora final.

Eis o motivo por que trabalhadores do Senhor e certas criaturas bem espiritualizadas desencarnam perfeitamente lúcidas e calmas, a ponto de convidarem os presentes à oração, chegando mesmo a determinar providências relativas ao seu trespasse. Os seus corpos são abandonados com invejável tranquilidade espiritual, em lugar do desespero que se apossa daqueles que não vivem preparados para saber morrer. No processo desencarnatório dessas almas emancipadas e conscientes, quase sempre os técnicos fazem convergir todas as forças vitais e magnéticas para a região intracraniana, à altura do cerebelo, onde se acumulam, então, forças regeneradas que ativam o espírito e aguçam-lhe a percepção mental do fenômeno desencarnatório.

PERGUNTA: — Poderíeis nos descrever melhor o processo gradativo da desencarnação, de modo a que pudéssemos conhecê-lo sob um aspecto científico?

ATANAGILDO: — Nas desencarnações comuns, quase sempre é solicitada, de início, a presença de um espírito que possua magnetismo semelhante ao do agonizante, a fim de auxiliar a desencarnação. Ele coloca as mãos sobre a fronte deste, num serviço de incessante revigoramento magnético nos lobos frontais e aceleração do *chakra* coronário, onde está o verdadeiro comando do sistema de forças do duplo etérico, que relaciona o perispírito com o corpo físico. Em seguida, o técnico desencarnador inicia sobre a organização etérica do perispírito um trabalho de magnetização ao longo do corpo carnal; é operação muitíssimo complexa, visto que o operador deve se deter, com perfeito conhecimento da técnica, à altura de cada *chakra* etérico ou centro de forças, ajustando-lhes as funções e os movimentos num tom harmônico em toda a extensão do perispírito. Cumpre-lhe regular o *chakra* esplênico, que recepciona a vitalidade do meio-ambiente, para que se equilibre no funcionamento correto do centro cardíaco, que é a sede dos sentimentos, e se exerça o controle do *chakra* laríngeo, para que se evite dispêndio de palavras.[1]

O chamado "duplo etérico", que serve de intermediário entre o corpo físico e o próprio perispírito, e que mais tarde se dissolverá no éter-ambiente, torna-se muito sensível durante essa operação num incessante intercâmbio de energias com o meio, assim como as "manda de retorno", na forma de combustível gasto e que deve ser eliminado.

A distribuição do magnetismo é feita sobre todo o tecido perispiritual, ajustando-o e fortalecendo num admirável labor de captação e aproveitamento de todo o energismo disponível do desencarnante. Nesse momento tão delicado, em que o espírito deve abandonar o seu casulo de carne para alçar-se às esferas edênicas ou então — pelo peso de seu magnetismo inferior — cair ou precipitar-se nas regiões trevosas, é que realmente se comprova o valor do grande ensinamento de Jesus: "Os humildes serão exaltados e os que se exaltam serão humilhados".

A vida humilde e benevolente, aí na Terra, produz um contínuo refinamento e acúmulo de energias superiores, enquanto que a exaltação pelo orgulho, pela cólera ou por quaisquer outras paixões e violências, representa perigoso dispêndio energético que fortifica o campo das forças inferiores do perispírito, fazendo com que a alma penetre bastante debilitada no Plano Astral.

Essa distribuição de energias que os técnicos fazem ao longo do corpo do moribundo — que em terapêutica magné-

1 Vide a obra *Os Chakras* de Leadbeater, da Editora Pensamento.

tica é muito conhecida como "passes longitudinais"— tem por função isolar todo o sistema nervoso simpático, enquanto outras aplicações condensativas, de magnetismo, insensibilizam o vago e desentranham das vísceras as suas respectivas contrapartes etéricas. Essa operação que insensibiliza e vai suprimindo gradativamente a ação do sistema nervoso, também faz convergir e escoar o magnetismo dos *chakras* que atuam à altura de cada "plexo nervoso", motivo pelo qual extingue-se a possibilidade de movimentos físicos por parte do agonizante, embora os técnicos possam aumentar-lhe a percepção mental e a auscultação psíquica, se for de interesse mantê-lo deliberadamente desperto.

Eis por que os espíritos assistentes das desencarnações costumam propositadamente frenar o "centro laríngeo" e controlador da voz, para se evitar um verbalismo debilitante ao desencarnante e contraproducente aos familiares que o cercam, decorrente de sua memória demasiadamente aguçada. É o que também me aconteceu na última desencarnação, pois se me aguçou de tal modo o psiquismo, que eu podia pressentir, por via telepática ou intuitiva, todas as emissões de pensamentos daqueles que me cercavam. A inibição do sistema nervoso, que me paralisara os movimentos físicos, fazia refluir a pujança da vida interior do meu espírito, ativando-me energicamente a audição psíquica e me colocando em angústia, pois desejava dizer aos presentes que eu estava vivo e ameaçado da lúgubre possibilidade de ser enterrado vivo.

PERGUNTA: — Depois dessa intervenção que descreveis, o espírito abandona, então, o corpo físico?

ATANAGILDO: — A desencarnação demanda ainda outras operações complexas, pois a intimidade que se estabeleceu entre o perispírito e o corpo físico, durante alguns anos de vida humana, não pode ser desfeita em poucos minutos de intervenções técnicas do lado de cá. Salvo nos casos de desastres ou mortes violentas, em que a intervenção dos técnicos assistentes se registra só depois da morte do corpo, as demais desencarnações devem se subordinar gradativamente a várias operações liberatórias, em diversas etapas, como tenho observado nas oportunidades que me foram dadas para apreciar o fenômeno.

O homem apresenta, fisiologicamente, três centros orgânicos que devem merecer a maior atenção durante a desencarnação, quando se trata dos que merecem a assistência espiritual: o centro "físico", pelo qual se manifesta o instinto como reação, prazer, dor ou movimento, situado no ventre, a zona da sensação que é o campo das manifestações fisiológicas; o centro "astral", pelo qual se manifesta a intuição, em harmonia com o sentimento, conhecido como a zona dos desejos e emoções, situado no tórax, e, finalmente, o centro "psíquico mental", localizado no cérebro, que é o mais importante dos três, porque revela a ideia e também tem ligação com o sentimento. É a organização principal pela qual a alma afere os valores da verdade e do erro, assim como pode avaliar o grau de sua própria consciência espiritual em relação com o meio físico. Conforme a natureza favorável ou desfavorável, da utilização, por parte da alma, de cada um desses centros "etéreo-astrais", que servem à integração do espírito à carne, também variam o tempo do seu desligamento e a intensidade de certas operações que os assistentes presentes realizam à parte. O corpo humano representa apenas a materialização carnal dos sentimentos, ideias e desejos do espírito que, ao se desligar dele, revela qual foi a sua maior ou menor preferência pelo campo de ação física, emotiva ou mental, no mundo de formas, qual o músico que se afeiçoa particularmente a um determinado tipo de instrumento. E isso exige que os espíritos assistentes das desencarnações se devotem com mais cuidado e atenção às zonas vitais do corpo por meio das quais o espírito tenha se demorado mais tempo no intercâmbio com o mundo exterior.

A desencarnação tem, pois, íntima relação com os objetivos elevados ou prejudiciais que foram acalentados em cada um desses três centros principais de atividade do espírito na matéria, do que resulta o êxito ou a dificuldade na libertação do moribundo. Assim, para que o espírito possa partir livremente para o espaço, não basta que apenas cessem as funções fisiológicas do corpo físico, tais como os movimentos ou as reações da sensibilidade orgânica, mas é preciso que os laços vitais sejam desatados lenta e gradativamente, para o que se exige uma técnica tão melindrosa, que me faz lembrar os cuidados, preocupações e exigências da alta cirurgia do vosso mundo. Logo após ao processo magnético que já vos descrevi, os técnicos espirituais costumam operar sobre a zona do "plexo solar" ou plexo abdominal, como é mais conhecido na técnica médica; ali é que realmente se localizam as últimas algemas do espírito, constituídas pelas forças físicas, pois, assim que são desatados esses ligamentos finais, extravasa deles um conteúdo leitoso, visível a nós, à altura do umbigo e que, passando para fora do corpo físico, é em seguida aproveitado automaticamente pelo perispírito, que já se encontra agora na fase final de sua desencarnação. Noto sempre que, em seguida ao fenômeno curioso do extravasamento daquela substância gasosa, de aparência leitosa, dá-se o esfriamento do corpo de carne, a começar mais rapidamente pelos membros inferiores. É o momento em que a família do moribundo muito se aflige, saindo em busca de bolsas de água quente para colocar em seus pés gelados. Desde que os técnicos ativem, então, a sua intervenção desencarnatória, será bastante que apliquem alguns passes magnéticos no centro astral, à altura da região cordial do corpo físico, para que diminua o ritmo funcional do coração e se precipite a agonia.

PERGUNTA: — Qual o quadro clínico que, para nós encarnados, apresentará o agonizante no momento em que se liberta aquele conteúdo leitoso a que vos referistes há pouco?

ATANAGILDO: — Não vos esqueçais de que descrevi essa substância leitosa, invisível aos olhos da carne, conforme ela se apresenta à minha visão espiritual, pois, embora seja um conteúdo fluídico, a mim se afigura bastante parecido a um gás pastoso e de aspecto leitoso. Alguns médiuns videntes, da Terra, quando podem vê-la na sua exsudação durante a desencarnação talvez possam descrevê-la como semelhante a um cone franjado, muito parecido a uma diminuta árvore, principalmente ao tradicional pinheiro de Natal, tão festejado no Brasil. É uma substância que emerge acima do umbigo e que, ao nível do perispírito, tende a alcançar a garganta, num esforço de projeção triangular, e que, depois de exsudada, tira qualquer possibilidade de se prolongar a vida do moribundo. Existem, mesmo, alguns tipos de médiuns que, ao verem o conteúdo leitoso à altura do ventre do enfermo, sabem perfeitamente que desapareceram quaisquer probabilidades de salvá-lo.

Em seguida ao extravasamento da substância a que me referi, é ela absorvida por uma chama que se situa no centro craniano, cuja luminosidade não encontra analogia na luz física; é composta de um quimismo muito alto, produto da condensação da energia do plano mental superior; a sua cor oscila entre o lilás e o violeta, variando em seus matizes e fulgurações douradas. Essa chama admirável representa o mais importante e derradeiro trabalho do "centro psíquico", ou "mental", na fase desencarnatória, quando absorve a energia intermediária, fornecida pelo "centro físico", sediado no ventre, para em seguida compor e sustentar a configuração definitiva do perispírito, que então já se manifesta com vigor no Mundo Astral. O momento em que extravasa o conteúdo leitoso da zona abdominal e se eleva até o comando mental, para nutrir o perispírito desencarnado, é justamente a fase aflitiva em que, para a visão física, o agonizante apresenta às vezes o sintoma conhecido da grande falta de ar, ou a chamada "grande dispnéia", da terminologia médica, despendendo desesperado esforço para sobreviver no mundo físico. Então, se trava desesperado embate entre o espírito, que luta para se desprender do casulo da carne, e este, que tenta sobreviver por meio de todos os recursos fornecidos pela sabedoria instintiva do animal milenário.

Recrudescendo os efeitos das medidas liberatórias, surge então a tradicional "sororoca", do conhecimento popular, quando já se apagam todas as esperanças de salvação corporal, e o enfermo caminha para o estado de coma. O desencarnante tenta heroicos esforços para poder falar, enquanto a sua mente, bastante aguçada, luta para manter o comando físico, que lhe foge desesperadamente. Mas a imobilidade do centro etérico da laringe, neutralizado em sua função intermediária entre o perispírito e o corpo físico, só lhe permite produzir estertores, que confrangem os presentes.

É certo que o desespero e a maior aflição na hora da morte dependem fundamentalmente do grau de evolução espiritual do paciente; há almas que desencarnam com tal serenidade espiritual, que comparais a sua morte à dos passarinhos, enquanto outras atravessam esse momento na mais cruciante luta para coordenar o raciocínio e fazer apelos verbais, tentando ainda sustentar coeso o organismo que se exaure da sua vitalidade costumeira. O corpo físico, no entanto, batalha heroicamente e arregimenta todas as suas energias instintivas, antes de se render definitivamente às forças que lhe paralisam a vida no mundo material. A motricidade orgânica vibra e pulsa, numa tentativa derradeira de superar a ausência dos estímulos cardíacos, que se põem a diminuir gradativamente. Os dois mundos se digladiam num esforço hercúleo, mas a vitória pertence aos técnicos do Além, pois, em seguida à libertação do conteúdo leitoso, a que já me referi, nenhuma força humana conseguirá fazer o desencarnante retornar ao seu centro de vitalidade animal.

PERGUNTA: — Então é essa a ocasião em que, segundo alguns compêndios espiritualistas, se corta o último fio da vida?

ATANAGILDO: — O processo de desencarnação, como vo-lo tenho descrito, caminha por etapas que vão se substituindo gradativamente; inicia-se, normalmente, com a ação magnética à altura do sistema nervoso, atuando sobre todos os seus gânglios e plexos nervosos; acentua-se, depois, no ventre, onde se localiza o centro vegetativo ou da sensação instintiva; prossegue, depois, na região torácica e provoca a disfunção cardíaca, com intervenção no centro do sentimento, para então findar-se no campo da ideia, no centro psíquico ou mental, que fica sediado no cérebro. Como é neste último órgão que realmente reside a direção do espírito no comando do seu organismo físico, é também ali que se encontram todas as energias depois de serem libertadas das outras regiões do corpo, lembrando um exército disciplinado que, diante da derrota implacável, concentra-se em torno do seu comando e aguarda, na mais dolorosa expectativa, as últimas ordens de viver ou morrer.

Assim como o grande simpático é o nervo que serve de verdadeiro apoio físico ao corpo astral, o cérebro é o alicerce do veículo mental; e, como tal, deve ser o último a se libertar da vestimenta que comandou durante a vida material. O mesmo poder criador da mente, que sabe aglutinar a substância física para compor o corpo carnal e fazê-lo renascer na Terra, logo que fica de posse daquele conteúdo leitoso de que temos falado — prenhe de vitalidade e usado como sustentação da vida humana — desata também a configuração definitiva do perispírito liberto do organismo físico, e aquele se torna, então, o novo centro coeso da coletividade atômica do Mundo Astral.

PERGUNTA: — É então na zona cerebral que os técnicos cortam o último laço de união do espírito com o corpo físico?

ATANAGILDO: — Quando falei de minha desencarnação, disse-vos que, no momento exato em que os técnicos deviam estar operando na minha região craniana, para me desligarem definitivamente dos últimos contatos com o corpo físico, fui tomado pela terrível sensação de haver mergulhado no centro de violento trovão, que fez estremecer toda a minha individualidade espiritual. Na realidade, me haviam cortado o chamado "cordão prateado", cuja citação muitas vezes encontrara nas obras esotéricas terrenas[2] e que significa o último laço a ser rompido pela técnica sideral, a fim de que o espírito se liberte definitivamente do corpo carnal. Mas o momento exato de se romper esse último laço varia de espírito para espírito, pois tenho observado, em muitos casos, que essa operação só é realizada no momento da saída do féretro para o cemitério. Entretanto, existem infelizes almas pecadoras que, pelo seu desequilíbrio psíquico, não favorecem a intervenção da assistência espiritual na sua desencarnação e, por isso, têm que suportar a fragmentação natural desse "cordão prateado", que só se rompe algum tempo depois, no túmulo, fazendo-as sentir todos os fenômenos horrendos da sua própria decomposição cadavérica.

PERGUNTA: — Essa demora em se romper o "cordão prateado", no corpo gelado, pode prestar algum benefício ao desencarnado? Não se trata de uma inútil ligação entre a alma e o corpo já cadavérico?

2 Nota do Editor — Citado também na Bíblia: Eclesiastes, 12-6.

ATANAGILDO: — Às vezes, não convém a brusca libertação para a alma passar a atuar imediatamente no Mundo Astral, pois esse mundo é demasiadamente sutil e plástico às emissões do pensamento, que amplifica e superexcita todos os quadros mentais que ainda se mantêm desordenadamente no perispírito do desencarnado. A permanência mais demorada junto ao corpo físico, embora este se encontre em estado cadavérico, ainda favorece o perispírito no seu intercâmbio energético com o vitalismo do meio físico, que flui da própria carne densa e se dissocia no conhecido fenômeno de radiação dispersiva, tão comum a certos minerais, embora suas moléculas de ferro, sódio, magnésio, flúor, cálcio e outras, sejam aglutinadas no sangue por processos diferentes.

Visto que a matéria é energia condensada — o que já é do conceito científico do vosso mundo —, assim que começa a dissolução do corpo físico, essa energia até então acumulada tende a se libertar o mais rapidamente possível; então, o perispírito — centro energético que atua em plano vibratório mais sutil — faz o aproveitamento automático do magnetismo energético que se irradia do cadáver que foi o seu instrumento vivo no mundo físico. Essa irradiação energética é produto natural do campo mineral do corpo físico, em vias de dissolução no meio terrestre, e pode ser habilmente aproveitada através do sutil "cordão prateado", que ainda obriga o espírito à sua focalização mental no mundo físico, ativando e vitalizando as imagens que se lhe sucedem na tela da memória etérica, mas sem conduzi-lo a desatinos, e tornando-o apenas um espectador de si mesmo.

De modo contrário, a liberdade imediata do espírito, no Astral, faria recrudescerem vigorosamente as suas evocações mentais, sem o auxílio do corpo físico para atenuá-las no aguçamento psíquico. É óbvio que o espírito benfeitor e a alma cristianizada podem dispensar esses cuidados e as fases de adaptações gradativas ao Mundo Astral, porque, mesmo encarnados, já estão ligados às regiões superiores de Paz e Ventura, das quais tomam posse definitiva após a morte física. São almas que, por se constituírem em abençoados núcleos de luz e energia superiores, dissolvem os mantos das trevas por onde transitam.

PERGUNTA: — Só o perispírito aproveita as emanações radiativas que absorve do corpo físico? Ou este também recebe alguma coisa do organismo perispiritual?

ATANAGILDO: — Na verdade, o perispírito usufrui das energias magnéticas que se exsudam do corpo físico, mas também sustenta ainda este último, pela devolução rítmica das forças do mundo inferior: são duas organizações disciplinadas, que se auxiliam mutuamente até a separação definitiva. Comumente, existem no perispírito certas aderências nocivas e produtos de substâncias astrais que, posteriormente, pesam durante a libertação definitiva do desencarnante, as quais convém que ainda sejam absorvidas pelo cadáver, que neste caso funciona como um condensador ou condutor de impurezas, que depois se dissolverão no seio da terra. Só não ocorre esse processo profilático com as almas mergulhadas nas trevas da rebeldia ou ligadas ainda ao turbilhão das paixões degradantes e que, na figura de repulsivos condensadores vivos, carregam para o Astral toda a escória que lhes aderiu ao perispírito.

Logo que é cortado o último laço fluídico que liga o perispírito à matéria densa do corpo físico, principia a sua definitiva decomposição. Quantas vezes temeis o sepultamento de alguém, na hora de sua condução ao cemitério, porque ainda notais no cadáver um halo de vitalidade ou de calor. Mas não sabeis que, mal fechais o caixão, as coletividades famélicas dos germes destruidores já se revelam, iniciando a decomposição do cadáver, comprovando que o "cordão prateado" havia sido seccionado no último momento, por conveniência técnica dos desencarnadores.

PERGUNTA: — Mas já nos dissestes que certas almas só se libertam do seu cadáver depois que esse "cordão prateado" se rompe no túmulo, motivo por que elas sentem toda a decomposição do corpo. Não existirá contradição, neste caso, com o fato de o corpo só iniciar a sua decomposição após o corte do último cordão fluídico?

ATANAGILDO: — É evidente que, em caso de incêndio ou de explosão — supondo-se que o corpo do acidentado se desintegre por força de gases ou chamas —, a libertação do perispírito se faz de modo súbito e, consequentemente, o "cordão prateado" se rompe ao expelir os resíduos vitais que se intercambiavam do perispírito para o corpo físico. Mas existe um prazo limitado para se manter essa relação vital entre o perispírito e o cadáver, depois do que principia a desintegração natural, pela falta de coesão molecular e, também, pela fauna microbiana que — à maneira de exércitos famélicos, que rompem o cerco de uma cidade e se entregam a toda sorte de torpezas e destruições — ataca o cadáver para devorá-lo. Mas, quando o último cordão não se rompe, pela intervenção dos espíritos assistentes das desencarnações ou, no caso de acidentes, explosões ou incinerações que venham desintegrar o corpo imediatamente, o espírito passa a assistir e a viver os horrores da sua decomposição carnal e a se sentir devorado pela insaciabilidade dos vermes vorazes, até a dissolução completa do cadáver.

PERGUNTA: — Por que motivo têm se registrado casos em que os corpos de certas criaturas ficam dias e até meses ou anos sem se decompor?

ATANAGILDO: — Certas criaturas realmente santificadas libertam-se com tal naturalidade e rapidez dos seus corpos físicos, que as energias poderosas que ainda lhes circulam pelo "duplo etérico" são absorvidas em sua plenitude vital pelo corpo cadavérico e, assim, o mantêm por longo prazo intacto e coeso em sua rede atômica, até se esgotar a vitalidade em reserva, que só flui muito lentamente. Alguns iniciados e iogues conseguem realizar essa operação de modo consciente, ajustando o seu esforço mental, poderoso, à dinâmica de sua própria elevação espiritual, e assim certos espíritos transferem em um só impacto as suas reservas de forças do seu "duplo etérico", em dissolução, para o cadáver ainda sensível.

O fenômeno a que aludis se explica com facilidade, pois a alma, quanto mais distanciada das paixões e dos interesses mundanos, tanto mais se encontra liberta da carne, vivendo antecipadamente grande parte do clima espiritual superior, em que há de se integrar após a morte do corpo físico. Quando chega a hora do "falecimento", ela abandona o vestuário carnal rapidamente e deixa ao corpo a poderosa energia que deveria utilizar no retardamento desencarnatório, muito comum aos demais espíritos. E o seu corpo, lembrando a figura de um poderoso "mata-borrão", absorve a vitalidade que sobeja do perispírito, com a qual se manterá coeso por algum tempo.

PERGUNTA: — Há conveniência em que se prolongue assim a coesão do cadáver, depois que o espírito já se libertou dele? Não é o corpo físico coisa de somenos importância para o espírito que parte?

ATANAGILDO: — Não é o espírito quem prolonga a coesão do cadáver que abandonou. Isso se dá para que fique demonstrado aos encarnados que a santidade da alma é energia criadora de vida, pois consegue manter estável até o próprio cadáver. Para o espírito purificado pouco importa que o corpo se desintegre ou não; é a própria lei de correspondência vibratória e de aproveitamento cósmico que age, fazendo com que as energias puras, daqueles que viveram integrados à Vida e à Verdade, sejam resguardadas no cofre do seu organismo de carne e purifiquem até o próprio meio onde são depositadas. Sob um campo magnético elevado, as coletividades microbianas inferiores não podem progredir, pois ainda não passam de forças de vida que só se apuram sob o energismo da luz criadora.

PERGUNTA: — No caso desse prolongamento de vitalidade do corpo cadavérico, o espírito desencarnado não sofrerá um dia os efeitos da chegada da decomposição do mesmo?

ATANAGILDO: — Oh! Não! Se assim fora, todos os cadáveres embalsamados tenderiam a aprisionar o espírito desencarnado. No caso de que tratamos, o cadáver não se mantém íntegro porque o espírito ali se ache algemado pelo último cordão fluídico, mas sim pela grande concentração de energias etéricas que lhe foram transferidas do próprio duplo etérico daquele que partiu, quer por efeito de sua vontade altamente purificada, quer sob a imposição da própria lei de compensação sideral. A desencarnação entre seres muito evoluídos é instantânea, porque as forças purificadas que os envolvem já são intrínsecas do próprio plano espiritual que passarão a habitar após a libertação completa. Não costumais dizer que certas criaturas, depois de "mortas", apresentam fisionomia muito serena e sob estranha iluminação, que deixa a impressão de se encontrarem dormindo? É que os seus cadáveres se encontram cercados dessas forças superiores, que deles se irradiam num energismo poderoso, como um centro profilático de proteção e coesão atômica.

PERGUNTA: — E por que, em outros casos, os espíritos ficam algemados ao corpo físico e devem sofrer toda a sensação do seu apodrecimento?

ATANAGILDO: — É porque se trata de almas pervertidas pelo emprego de energias degradantes; que viveram apenas o reinado das paixões aviltantes e dos crimes contra a integridade espiritual. Seus corpos se transformam em cadáveres chumbados às energias do Astral inferior que, em sua reciprocidade circulatória, adensam e fortificam o "cordão prateado", que liga o perispírito ao corpo saturado de magnetismo repulsivo. Em vez de se colocarem em um campo de energias sutis, delicadas e libertadoras, como no caso das almas santificadas, centralizam-se num poderoso núcleo de forças primárias, escravizantes e profundamente atrativas para o mundo animal. O perispírito, então, fica agrilhoado ao cadáver e, então, a alma vê-se obrigada a presenciar o quadro pavoroso dos vermes que devoram o corpo que ela mesma degradou, pois este não passava de um condensador de forças deletérias, que se dissociam em detestável frequência vibratória do Astral inferior.

O santo, o iogue, ou mesmo o homem evangelizado, desencarnam mergulhados numa aura de fluidos balsâmicos e paradisíacos, qual a criatura que abandona um ambiente de maus odores para ingressar subitamente num jardim de perfumadas flores primaveris; mas o espírito delinquente, a alma perversa ou viciada, lembra o homem que, respirando gases mefíticos, deva aspirá-los até a sua completa extinção na própria fonte produtora.

O ALÉM - UM GUIA DE VIAGEM
foi confeccionado em impressão digital, em fevereiro de 2023
Conhecimento Editorial Ltda
(19) 3451-5440 — conhecimento@edconhecimento.com.br
Impresso em Luxcream 80g. — StoraEnso